名师名校名校长

凝聚名师共识
回应名师关怀
打造名师品牌
培育名师群体

新课程背景下中学物理教学课例研究

王俪运 李红梅 主编

西安出版社

图书在版编目（CIP）数据

新课程背景下中学物理教学课例研究 / 王俪运，李红梅主编. — 西安：西安出版社，2022.12
ISBN 978-7-5541-6599-7

Ⅰ.①新… Ⅱ.①王… ②李… Ⅲ.①中学物理课—教学研究 Ⅳ.①G633.72

中国版本图书馆CIP数据核字（2022）第246118号

新课程背景下中学物理教学课例研究
XINKECHENG BEIJING XIA ZHONGXUE WULI JIAOXUE KELI YANJIU

出版发行：	西安出版社
社　　址：	西安市曲江新区雁南五路 1868 号影视演艺大厦 11 层
电　　话：	（029）85264440
邮政编码：	710061
印　　刷：	北京政采印刷服务有限公司
开　　本：	787mm×1092mm　1 / 16
印　　张：	9
字　　数：	162千字
版　　次：	2022 年 12 月第 1 版
印　　次：	2023 年 6 月第 1 次
书　　号：	ISBN 978-7-5541-6599-7
定　　价：	58.00 元

编 委 会

目 录

上 篇 课题研究与设计

"双减"政策下初中物理作业分层设计实践研究开题报告 \ 王俪运 ……… 2

阿基米德原理作业设计 \ 郭迎春 …………………………………… 10

浮力分层作业设计 \ 解大杰 ………………………………………… 14

浮力作业设计 \ 杨院兵 ……………………………………………… 23

"双减"背景下作业设计思考 \ 李丹 ……………………………… 31

《压强》复习作业设计 \ 张光伟 …………………………………… 38

《杠杆》作业设计 \ 褚修成 ………………………………………… 49

中 篇 论文荟萃

浅谈实验探究对培养学生物理核心素养的意义 \ 陈伯凯 ………… 60

"用圆锥摆粗略验证向心力的表达式"的实验改进 \ 程蕾 ……… 64

谈初中物理热学计算题的解题技巧 \ 邓正刚 …………………… 69

"一帮一结对"：初中物理学困生转化模式 \ 冯周永 …………… 76

做小实验，得真道理 \ 李雪峰 …………………………………… 79

初中物理实验课有效教学的探讨 \ 马艳 ………………………… 81

初中物理学习情境的创设策略 \ 李俊伟 ·················· 85

多媒体在初中物理教学中应用的利与弊 \ 史锐祥 ·················· 88

"双减"背景下如何转化物理学困生 \ 王俪运 ·················· 91

下 篇　教学案例

《流体压强与流速的关系》案例及分析 \ 范志娟 ·················· 96

《认识浮力》实验教学的创新设计与思考 \ 胡据 ·················· 101

核心素养导向下初中物理复习课教学实践研究 \ 李俊秀 ·················· 105

《"伏安法"测电阻》教学案例 \ 李彦琼 ·················· 110

流体压强与流速的关系 \ 李艳萍 ·················· 117

"题组教学法"在物理综合计算复习中的尝试 \ 刘超 ·················· 123

《做功了吗》说课 \ 莫银萍 ·················· 128

利用电学实验和电流知识巧解电路故障 \ 欧艳红 ·················· 134

上 篇
课题研究与设计

"双减"政策下初中物理作业分层
设计实践研究开题报告

安宁市昆钢实验学校　　王俪运

一、本课题研究背景

（一）研究背景

2021年7月，中共中央办公厅、国务院办公厅印发的《关于进一步减轻义务教育阶段学生作业负担和校外培训负担的意见》指出：要减轻学生过重的作业负担。作业是学校教育教学管理工作的重要环节，是课堂教学活动的必要补充。这强调一要减少作业总量，二要提高作业质量。而在2022年，《义务教育物理课程标准（2022年版）》的出台体现了物理学科的本质，培育学生核心素养；注重课程基础性与综合性，为学生全面发展奠定基础；关注科技进步和社会发展，体现课程的时代性；注重评价的育人功能，促进学生核心素养发展等发展趋势。

结合新课标和"双减"背景，工作室研究如何改进物理学习及作业的形式和内容，物理作业分层设计是一个重要的切入点。在"双减"背景下开展初中物理作业分层设计的实践研究课题，既是挑战也是机遇。作业作为课后教学的一个辅助，是对学生学习的一次巩固，是对教师教学的一次检验。为了提高教学成绩，教师认为抓紧课后时间是关键。一段时间以来，学生的作业量也就增大了，并且各个科目的作业累加在一起，成为学生的一种负担，各科大搞题海战术，学生疲惫应对。这一切正是国家实行"双减"政策的原因所在。我们团队认为，国家"双减"政策的实施是一项利国利民，更有利于教育可持续发展的百年大计。我们一线教师应该努力思考，转变思路，寻求更好、更优的策略和方法。达到教师既贯彻了国家的相关政策，又圆满地完成了教学任务，取得了成绩的提升，确实做到了"双减双升"——教学成绩提升的同时教学效果也在提升。本课题力求说明作业量大和成绩好不存在正比例关系；力求通过研究，寻求一条通过优化作业、分层作业来提升学生成绩的方法和策略。适当的作业既能让学生的学习得到针对性的及时反馈，也能让教师加强对学习有困难学生的辅导帮扶，切实解决学生在学习中遇到的问题。对学生分层、对作业分层——物理学科的创新实验、课后实验也体现出作业的层次性和多样性，充分体现了学科素养，促进学生思维、能力的提升，促进学生全面、综合发展。既然是"作业惹的祸"，那我们的课题研究就真正从作业开始，探究在新的政策下，如何既让学生完成的作业变少，又能够保证作业质量和教学质量稳步提升，这就是我们将此作为课题研究的背景和意义所在。

（二）选题意义

学校在落实"双减"政策的背景下，对学生的作业有效落实，并且减少学生在家完成作业的量。很多家长认为孩子在家完成作业时间太长，保证不了学生在家的休息时间。另外，孩子在家完成作业的质量不高；家长检查初中生的作业有困难，特别是物理作业的检查，很多家长难以发挥检查的作用，只是一味地签字。作业是课堂的外延，作业在精不在多，课题组针对"教学重点""教学难点""如何在课后作业中进行巩固"这一系列问题合理设计分层作业，紧跟教育政策实行"双减"，减轻学生学习压力。为提高学生的学习效率，减轻学生的作业负担，课题组选择研究初中物理作业分层设计的实践研究。这是"双减"政策落地的实际意义，本课题研究也恰恰是对国家"双减"政策的切实落实，并且是落到实处的一次大胆的尝试和改革。

二、课题研究内容

（一）核心概念界定

本课题首先将初中物理知识内容分为八年级、九年级；其次，根据学生的兴趣、特点对学生的综合评价等，各校各班根据实际情况把学生分为A、B、C、D四层；最后，教师针对课题活用教材、拓展教材，针对不同学生实行分层作业，增强个性化和多元化。课题组成员依据《义务教育物理课程标准（2022

年版）》和现有教材进行实验，进行同原理创新和改进，增强学生自主动手能力，加强实验过程及效果的呈现。

（二）研究目标

"双减"背景下，教师把作业作为教学环节，设计分层作业并实施课堂教学。作业是课堂教学的延伸，是学情诊断、因材施教的基础，课题组把作业作为重要环节精心进行教学设计，备课把作业备进去，变粗放作业为精准作业。在学科素养的观念和新中考的引导下，作业设计一定要把学科视角和学生视角——学生的生活世界和身心发展阶段联系起来，加强学科统筹，特别是假期，要鼓励多学科共同设计项目式作业。比如，在课后的学习过程中和"双减"政策下的物理创新实验，通过作业的分层设计、分层布置，使初中生的物理成绩有进一步的提升。创新实验是"双减"背景下初中物理教育的好抓手，是联系师生的好桥梁，是减少代沟的好手段，是学生思维培养的好途径。课题组通过研究学生自主创新实验，探索优化作业分层设计，创生课程资源，改进学习评价，从而促进科学探究、课堂教学与深度学习策略与措施的优势与实施。

通过对安宁市昆钢实验学校、东川区第二中学、嵩明县嵩阳一中、安宁市青龙学校、盘龙区金辰中学、安宁市太平中学、四川师范大学附属昆明实验学校、昆明市官渡区关上实验中学、昆明市第十一中学、云南大学附属中学、昆明市西山区粤秀中学、昆明市教育科学研究院的教师和学生的调查，由昆明市首批"春城名师"王俪运名师工作室成员设计学生分层教学课后作业、初中物理知识分层作业后完成初稿，进而在昆明市首批"春城名师"王俪运名师工作室成员所任教的班级实施，在实施过程中，对教师实施过程中发现的问题及学生实施过程中的作业难易程度和可操作性、安全性、实验趣味性进一步进行问题反馈，进一步改进学生分层教学、分层作业设计。

新课标强调学科的融合，明确学科章章融合、综合实践活动融合、跨学科的融合。综合实践活动融合方面，新课程标准在"课程内容"中新增"跨学科实践"，且明确课时不低于10%，提出与日常生活、工程技术、社会发展融合，要用10%的内容撬动90%的内容，达到100%课堂教学优化。教师有引领，众生有议题，学生有任务，力争有物化。跨学科是基于物理学科，不是为了与其他学科融合增讲其他学科知识，实践活动可以是独立也可以是一部分。

作业的设置要系统化考量，要对各个学科进行整合，从综合性、育人效果上设置作业。

（1）可以将作业分为复习巩固类、拓展延伸类、综合实践类三类，从整体内容和时长上进行统筹设计，防止每科看起来时间都不长，加起来就得几个小时的情况。

（2）控制总量、提高针对性。教师针对不同年龄段学生的实际学习情况，尤其是学生在学习过程中的重点和难点设计作业、预布置作业。教师要提前做，并不断发现问题、改进问题，在实践中增强作业的合理性和科学性。教师根据学生情况对学生作业分层，如学习基础较差的学生可以只做基础题型，学习基础中等的学生可以在完成基础题型的基础上挑战有难度的题型，而学习基础较好的学生可以直接做有难度的题型。

（3）鼓励创新作业形式。"双减"政策下学生自主创新实验是好举措，仅就布置物理作业而言，它是布置作业的新载体，是优化作业的好手段，是破作业单一的良策，是治作业通病的良药。

（4）将学生自主创新实验作为创新作业设计的一个方向。"双减"背景下，课题组以学生自主创新实验为载体进行作业设计改进。课题组研究物理作业的现状并改进作业设计的形式和内容组织，尝试对自主创新实验进行分类（具体分为验证性创新、测量性创新、探究性创新），尝试在部分教学环节灵活嵌入学生自主创新实验内容，改变原有部分课型的教学方式，从而丰富作业设计方式。

立足新课标、着眼教材、根据学情、思维贯穿作业设计的始终，作业设计和分层依据《义务教育物理课程标准（2022年版）》、年级内容、现有学生学情进行。

优秀学生作业：①课前预习作业，书面问题思考、动手实践；②课堂作业，精挑练习（举一反三变式训练、拓展、能力提升）；③拓展类作业，聚焦综合实践类、学科融合，大单元整体设计；④创新类作业，一是合作、领学、错题订正类（说错题、难题谈错因、解题思路、说变化、说归类），二是思维导图训练，三是创新实验（课堂、课后）；④特色类作业；⑤自主、弹性作业，优秀学生自主预习、改编题目、自编题目、拓展；⑥信息媒体下数字化作业。

待优生作业：课后作业，如教科书后的作业练习（基础计算题、当堂检测、基础实验等）。

学困生作业：口头作业（概念、公式、单位记背等）、实践性作业（基础实验、小实验、当堂检测）。

研究结题后总结经验，得到相应的研究成果：在"双减"政策下，减少学生作业量，科学合理地进行作业设计，总结归纳得出一些既能减少学生课业负担，同时能让教学成绩有所提升的策略和方法。课题组的研究能够在"双减"政策下给教师在作业设计优化方面提出一些切实有效的研究成果，为一线教师提供"双减"作业设计新的教学方式和案例，相关学生自主创新实验设计、教具、视频和课例，可以直接应用于课堂教学，减轻教师负担，提升实验教学的有效性，为各地学校提供参考案例，提供命题元素，提供命制原创题事例，通过改进评价方式更科学地考查学生的学科素养。

为什么很多学生常常一听就懂，一做就错？因为教学评价没有统一，课堂输入学习多而输出学习少。大量学者研究表明，听讲、读文、记忆、机械模仿等输入性学习活动为感觉区记忆，制作、口说、创写等输出性学习活动为运动区记忆，而运动区记忆才能让学习者提高实践能力、动手能力。由于输出学习活动能够获得及时有深度的反馈，具有二次学习机会，会使记忆更深、思路更广、能力更强。因此，重视和增加课堂和课外学习中学生的输出学习是破解课题提出问题的良策。就物理教学而言，学生自主创新实验是一条全新高效融合输入输出学习很好的途径。班级授课的形式，最大的难点在于突破学生已有的认知差异，使每一个学生在学习中都能有所收获。分层教学是解决这个教学问题的重要手段。分层作业作为分层教学的一个环节，是课堂教学的补充和延伸，是因材施教的重要手段。

三、任务设计

调查研究：初中物理作业现状调查研究（现状分析、成因、对策等）。

调查范围：昆明市九所学校不同层次学生及其物理教师和家长。

调查内容：被调查者的基本信息、被调查者对初中物理作业现状的态度、被调查者对初中物理作业分层的看法和建议。

调查方式：问卷调查为主，座谈、讨论为辅。

分析方法：问卷采用定量分析和定性分析相结合的方法。定量的方法主要对手机上传的数据进行统计分析，然后对这些分析进行描述，在描述过程中对产生这一结果的原因进行逻辑思辨和推理，强调价值判断和数据描述有机结合，同时体现定性研究的特性。收集、归纳、分析、借鉴国内其他关于初中物理作业分层设计等相关研究成果。

分层设计：针对调查分析报告，根据对学生学情的了解，以新课标为背景，对学生适当分层进行作业设计，作业根据知识点的难、中、易三个层次递进。不同学生学情和知识点层次相结合，"一生一策"有针对性地完成作业，响应"双减"政策，减量不减质。具体任务设计如图1所示。

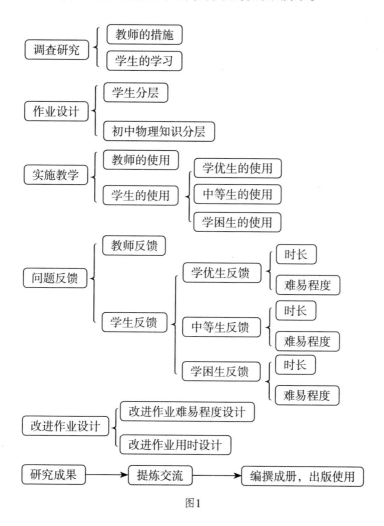

图1

四、研究重点、难点和创新点

（一）重点

（1）依据新课标和"双减"政策有效调研，结合实际学生学情进行合理的学生分层、作业分层。

（2）分层作业实施后作业反馈和分层效果评价。

（3）物化成果适用性和延续性。

（二）难点

（1）结合实际学情进行合理的学生分层、作业分层的设计。

（2）分层作业实施后作业反馈和分层效果评价。

（三）创新点

强化物理分层作业的趣味性，根据2022年版课标在学生分层作业设计上做好前测、跟踪、后测，通过研究学生自主创新实验，探索优化作业分层设计，创生课程资源，改进学习评价，从而促进科学探究、课堂教学与深度学习的策略与措施。

五、研究对象及思路方法

（一）研究对象

"双减"背景下，义务教育初中在校八年级、九年级学生。

（二）研究思路方法

1. 调查法

选取相应教师所任教的在学学生，进行前期的作业设计、问卷调查，归纳当前课程教学问题和影响学生核心能力培养的因素。

2. 文献法

深入研究初中物理课程标准等教学文件，明确中共中央办公厅、国务院办公厅印发的《关于进一步减轻义务教育阶段学生作业负担和校外培训负担的意见》的要求，查阅大量减轻学生作业负担的有关文献，分析他人已有的关于分层作业设计的途径及其对本研究的借鉴价值，为研究奠定基础。

3. 对比研究法

同一个学生，或者同一个班的学生，在课题研究前、课题研究中、课题研究后的对比研究。

4. 行动研究法

"双减"政策下的作业分层设计实践，边实验，边研究，边改进，边完善。

六、研究进度与计划

2021年10—12月，确定课题研究的题目，填写申报书等，课题组分工，并将课题进行申报，等待开题。

2021年12月—2022年12月，课题的实践中期阶段：按步骤实施，进行课堂教学，并将"双减"政策落实到各自的教学当中，同时进行教学反馈、教师问卷调查；进行课题中期总结。

2022年1—9月，对教学成绩进行对比，收集数据，进行学生问卷调查，总结经验，反思教学，调整课题策略。

2022年9月—2023年10月，收集整理资料，进行结题，呈现成果，撰写结题报告。

阿基米德原理作业设计

安宁市实验学校　郭迎春

一、基础知识

1. 在"阿基米德解开王冠之谜"的故事中，若王冠的质量为490g，浸没在水中称时，王冠重4.5N，则这顶王冠在水中所受的浮力为_____N，它排开的水重为_____N。

2. 2021年4月23日，我国第一艘两栖攻击舰——"海南舰"交接入列（图1），该舰可作为两栖车辆和气垫登陆艇的母船，运送士兵、步兵战车、主战坦克等武器装备。假设该舰满载排水量为4.08万吨，当满载静止在海水中时，受到的浮力约是_____N，排开海水的体积约是_____m^3。（g取10N/kg）

图1

3. 如图2所示，四个体积相同而材料不同的球A、B、C、D，分别静止在不同深度的水里，它们受到浮力最小的是（　　　）。

A. A球　　　　　　B. B球　　　　　　C. C球　　　　　　D. D球

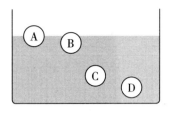

图2

二、规律方法综合练

1. 在弹簧测力计下悬挂一个实心小球,弹簧测力计的示数是8N。把实心小球浸没在密度为$0.8 \times 10^3 \text{kg/m}^3$的油中,弹簧测力计的示数是6N,$g$取10N/kg,下列说法中不正确的是（　　　）。

A. 小球受到的浮力是2N　　　　　　B. 小球的质量是0.8kg

C. 小球的体积是$1 \times 10^{-4} \text{m}^3$　　　　D. 小球的密度是3.2g/cm³

2. 如图3所示,将同一长方体分别水平与竖直放在水中,它所受到的（　　　）。

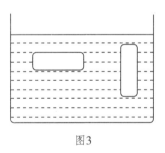

图3

A. 上、下压力差不等,浮力相等　　　B. 上、下压力差不等,浮力不等

C. 上、下压力差相等,浮力不等　　　D. 上、下压力差相等,浮力相等

3. 如图4所示,小聪用一个长方体铝块探究影响浮力大小的因素。他先后将该铝块平放、侧放和竖放,使其部分浸入同一杯水,保证每次水面到达同一标记处,比较弹簧测力计示数大小。该实验探究的是下列哪个因素对浮力大小的影响?（　　　）

A. 液体的密度　　　　　　　　　　B. 物体的密度

C. 物体排开液体的体积   D. 物体浸入液体的深度

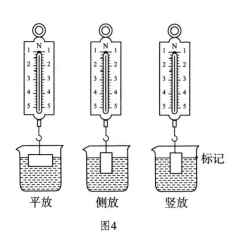

平放   侧放   竖放

图4

4. 如图5所示，小明用弹簧测力计、物块A、3个相同的容器（分别装有一定量的水和盐水），探究影响浮力大小的因素。

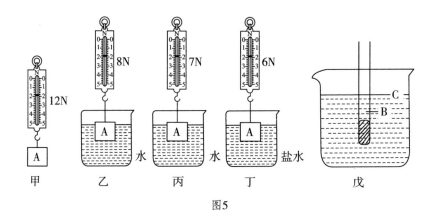

图5

（1）分析甲、乙、丙三次实验，说明浮力的大小与物体_____有关。

（2）图5乙中物块A受到的浮力为_____N。

（3）为了探究浮力大小与液体密度是否有关，可选用图_____的实验进行分析，由以上实验数据，可计算出盐水的密度为_____kg/m³。（$\rho_水=1.0 \times 10^3$ kg/m³）

（4）图5丙中物块A排开水的重力_____（选填"大于""小于"或"等于"）图5丁中物块A排开盐水的重力。

（5）实验结束后，小明用自己制作的"密度计"（在吸管下端加适当的配重后封闭），使其能竖直浮在液面中，如图5戊所示，将"密度计"放入水中，则水面在管的C点处；若将它放入另一种液体中，液面在B点处，则 $\rho_{液}$ _____ $\rho_{水}$（选填">""<"或"="）。

5. 如图6甲所示，石料在钢丝绳拉力的作用下从水面上方以恒定的速度下降，直至全部没入水中。图6乙是钢丝绳拉力随时间t变化的图像。若不计水的阻力，g取10N/kg，求：

（1）石料完全没入水中后，受到的浮力；

（2）石料的体积；

（3）石料的密度。

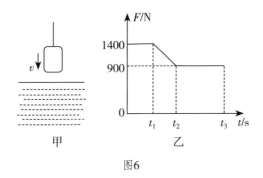

图6

三、能力拓展题（选做）

小红用弹簧测力计、小石块、细线、烧杯和水也能测出盐水的密度，请你和小红一起完成以下实验设计：把小石块挂在弹簧测力计的挂钩上，在空气中测出石块的重力G；把小石块浸没在水中，记下弹簧测力计的示数F_1；把小石块浸没在盐水中，记下弹簧测力计的示数为F_2。盐水密度$\rho_{盐水}=$ _____ （用测得的物理量和$\rho_{水}$表示）。

浮力分层作业设计

昆明市东川第二中学　解大杰

一、称重法

1. 图1是物体浸入水中前后弹簧测力计示数的示意图。g取10N/kg，求：

（1）物体A的质量；

（2）物体A浸没在水中受到的浮力；

（3）物体A的密度。

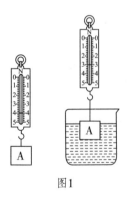

图1

2. 如图2所示，烧杯内盛有某种液体，把一重为2.7N的铝块挂在簧测力计下浸没在液体中，静止时弹簧测力计的示数为1.5N，已知铝的密度为$2.7 \times 10^3 kg/m^3$，则：铝块在液体中受到的浮力等于多少牛？液体的密度为多少？

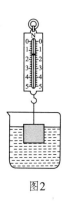

图2

3. 如图3所示，烧杯内盛有某种液体，把一体积为$1 \times 10^{-4}\text{m}^3$的铝块用细绳系在弹簧测力计下浸没在液体中，静止时弹簧测力计的示数为1.5N，已知铝的密度为$2.7 \times 10^3\text{kg/m}^3$，则铝块在液体中受到的浮力等于多少牛？液体的密度为多少？

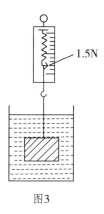

图3

二、压力差

1. 如图4所示，一个棱长为10cm的正方体竖直悬浮在某液体中，上表面受到液体的压力F_1为5N，下表面受到液体的压力F_2为13N。g取10N/kg，求：

（1）正方体受到的浮力；

（2）正方体的密度；

（3）液体的密度。

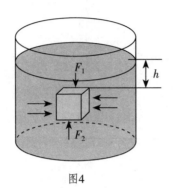

图4

2. 如图5所示，一个棱长为10cm的正方体漂浮某液体中，下表面受到液体的压力F为13N。g取10N/kg，求：

（1）正方体的质量；

（2）正方体受到的浮力；

（3）正方体的密度。

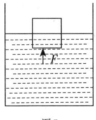

图5

三、阿基米德原理

1. 如图6所示，放在水平面上装满水的一溢水杯，水深为20cm。弹簧测力计挂着重为10N的物块，现将物块浸没在装满水的溢水杯中，静止后溢出水的质量为0.4kg。g取10N/kg，求：

（1）物体浸没在水中受到的浮力；

（2）弹簧测力计的示数；

（3）物体的密度。

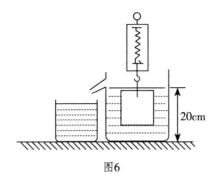

图6

2. 如图7所示，在水平地面上放一只木桶，桶里装满水，水面与桶沿儿齐平，然后轻轻向水面上放一段2kg的圆木。g取10N/kg，求：

（1）圆木受到的浮力；

（2）从桶中溢出的水的质量。

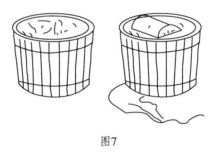

图7

四、压、拉、坠模型

1. 如图8所示，密度为$0.6 \times 10^3 kg / m^3$，边长为10cm的正方形木块，静止在水面上，求：

（1）木块所受的重力；

（2）木块受到的浮力；

（3）在木块上表面至少要加多大的力才能使木块全部浸入水中。（g取10N／kg）

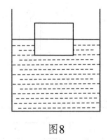

图8

2. 如图9所示，正方体A的边长为10cm，在它的上面放一个重为2N的物体B，此时正方体A恰好没入水中，已知g=10N/kg，$\rho_水$=1.0×10³kg/m³。求：

（1）正方体A受到的浮力的大小；

（2）正方体A的密度。

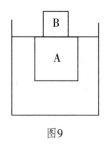

图9

3. 小明有两个用不同材料制作的正方体物块，颜色分别为红色和蓝色，它们的边长相等，红色块重6N，蓝色块重力未知。如图10甲所示，将红色块放入水中，静止时，水面到容器底距离30cm，刚好有五分之二的体积露出水面。如图10乙所示，小明再将蓝色块叠放在红色块上面，静止时，红色块刚好完全没入水中。$\rho_水$=1.0×10³kg/m³，g取10N/kg，求：

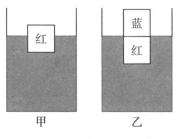

图10

（1）图10甲中，水对容器底部产生的压强；

（2）红色块放入水中漂浮时，受到的浮力和其排开水的体积；

（3）蓝色块的重力；

（4）蓝色块的密度。

4. 如图11所示，将一个体积为$1.0 \times 10^{-3} m^{3}$的木块用细线系在底面积为$200cm^{2}$的圆柱形容器的底部。往容器里倒入足够的水直到木块被浸没，细线上的拉力大小为2N，求：

（1）木块浸没在水中受到的浮力；

（2）该木块的密度；

（3）剪断细线，木块再次静止后，容器底部所受到水的压强减小的量是多少？

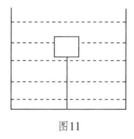

图11

5. 如图12所示，在容器底部固定一轻质弹簧，弹簧上端连有一边长为0.1m的正方体物块A，当容器中水的深度为20cm时，物块A有3/5的体积露出水面，此时弹簧恰好处于自然伸长状态。$\rho_{水}=1.0 \times 10^{3} kg/m^{3}$，g=10N/kg，求：

（1）弹簧恰好处于自然伸长状态时物块A受到的浮力；

（2）弹簧恰好处于自然伸长状态时水对容器底部的压强；

（3）若继续往容器缓慢加水，至物块A刚好浸没水中，立即停止加水，此时弹簧对木块A的作用力F。

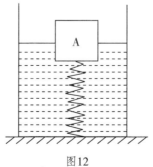

图12

6. 现有正方体空心金属盒和实心球各一个，实心球的体积为100cm³，如图13甲所示，把实心球和金属盒用细绳相连放入水中静止后，金属盒没入水中的体积为200cm³。若将细绳剪断，实心球沉入水底，金属盒静止时没入水中的体积为120cm³，如图13乙所示。不计细绳的重力和体积，水的密度为$\rho_水=1.0 \times 10^3kg/m^3$，求：

（1）金属盒所受重力的大小；

（2）实心球所受重力的大小；

（3）图13甲中细绳的拉力大小。

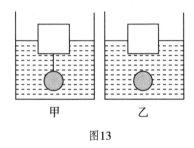

图13

五、坐标图像

1. 如图14甲所示，水平桌面上放置一圆筒，筒内装有适量的水。弹簧测力计下悬挂一圆柱体从液面逐渐浸入直到浸没。弹簧测力计示数F与圆柱体下表面浸入液体深度h的关系如图14乙所示。$\rho_水=1.0 \times 10^3kg/m^3$，$g$取10N/kg，求：

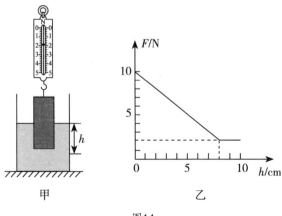

图14

（1）圆柱体浸没在水中时受到的浮力；

（2）圆柱体的密度；

（3）圆柱体刚好浸没时，下底面所受水的压力。

2. 某水底打捞作业中，需将一长方体石柱从水底匀速打捞出水。图15是吊车钢丝绳拉力F随石柱下表面距水底深度h变化的图像。水的阻力忽略不计，$\rho_{水}=1.0 \times 10^3 kg/m^3$，求：

（1）石柱的质量；

（2）石柱浸没在水中受到的浮力；

（3）石柱的密度。

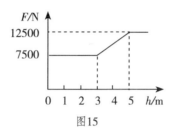

图15

3. 用弹簧测力计悬挂一实心物块，物块下表面与水面刚好接触，如图16甲所示，由此处匀速下放物块，直至浸没于水中并继续匀速下放（物块始终未与容器接触）。物块下放过程中，弹簧测力计示数F与物块下表面浸入水中的深度h的关系如图16乙所示。求：

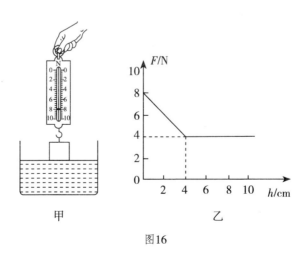

图16

（1）物块浸没在水中受到的浮力；

（2）物块的密度；

（3）从物块刚好浸没水中到$h=10cm$的过程中水对物块下表面的压强变化。

六、舰、船、航母等

1. 我国自行设计"蛟龙号"载人潜水器的工作原理与潜水艇的相同，它的体积是$85m^3$，最大下潜深度$7km$。海水的密度为$1.03 \times 10^3 kg/m^3$，g取$10N/kg$，求：

（1）"蛟龙号"载人潜水器下潜到最大深度$7km$时受到海水的压强；

（2）"蛟龙号"载人潜水器下潜到最大深度$7km$时受到的浮力；

2. 海军某驱逐舰支队组成舰艇编队赴某海域开展实战化训练。驱逐舰满载时舰底吃水$3m$，排水最多达$1.236 \times 10^4 t$，舰艇执行完任务从大海驶回某江水基地。$g=10N/kg$，$\rho_水=1.03 \times 10^3 kg/m^3$，求：

（1）驱逐舰满载时舰底受到的压强；

（2）驱逐舰满载时受到的浮力；

（3）舰艇执行完任务从大海驶回某江水基地浮力_____（选填"变大""变小"或"不变"），舰体会_____（选填"上浮"或"下沉"）一些。

3. 北京奥运会青岛"奥帆赛监测浮标"是山东省科学院海洋仪器仪表研究所自主研制的，处于国际领先水平。浮标质量达$2.06 \times 10^3 kg$，漂浮在海面上，可测量风速、风向、气温、海流等数据，准确地提供海洋、气象、水文信息，确保了奥帆赛的顺利进行，那么，浮标受到的浮力是多少？它排开海水的体积是多少？（$\rho_{海水}$取$1.03 \times 10^3 kg/m^3$，g取$10N/kg$，计算结果保留两位小数）

4. 2022年4月23日是人民海军成立73周年，22日海军向全社会公开发布首部航母主题宣传片《深蓝！深蓝！》，宣传片在结束之时暗含"彩蛋"。军事专家认为，第三艘航母研发采用了很多新技术，满载时排水量约为8万吨，舰载机可能是我国自行研制的新型战机歼-31。$\rho_{海水}$取$1.0 \times 10^3 kg/m^3$，g取$10N/kg$，求：

（1）该航空母舰满载时受到浮力；

（2）该航空母舰满载时排开海水的体积；

（3）新型战机歼-31从航母起飞后，该航空母舰受到海水的浮力_____（选填"变小""不变""变大"）。

浮力作业设计

昆明市第十一中学　杨院兵

一、认识浮力

（一）浮力方向

练习：如图1所示，画出水中物体所受浮力的示意图。

图1

（二）浮力大小的计算

练习：图2的实验中鸡蛋在水中所受浮力是_____N，在盐水中受到的浮力是_____N，鸡蛋在盐水中受到的重力是_____N。

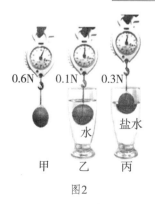

图2

（三）影响浮力大小的因素

探究过程中主要采用什么研究方法？实验中怎样判断浮力大小的变化？该探究的结论是什么？

练1：在探究"影响浮力大小的因素"时，同学们做了如图3所示的实验，请你根据图3中所给信息回答下列问题：

（1）根据图3甲、乙、丁实验可得出浮力的大小与_____有关。

（2）根据图3甲、乙、丙实验可得出浮力的大小与_____有关。

（3）根据图3甲、_____、_____实验可得出浮力的大小与浸没深度_____关（"有"或"无"）。

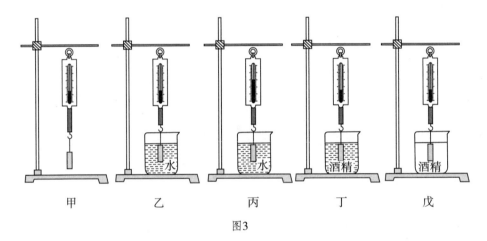

甲　　　　乙　　　　丙　　　　丁　　　　戊

图3

练2：小丽探究鸡蛋受到的浮力大小与哪些因素有关，如图4所示，观察并回答下列问题。

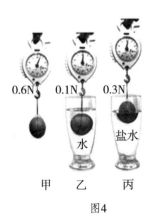

甲　乙　丙

图4

（1）从图4甲、乙两图可知，鸡蛋在水中受到的浮力是_____N。

（2）根据图4乙、丙的实验，小芳就得出了鸡蛋受到的浮力大小与液体的密度有关。这种探究方法对吗？_____（选填"对"或"不对"），理由是_____。

二、阿基米德原理

实验中需要测量出哪些数据？怎样测出物体受到的浮力？怎样测出物体排开液体的重力？在探究过程中如果溢水杯中的水没有加满，会造成什么影响？在探究过程中为什么要先测量物体受到的重力和空杯受到的重力？

练1：某同学在"探究浮力大小与什么因素有关"时，做了如图5所示的实验。根据要求完成下列探究过程：

（1）石块的重力G=_____N。

（2）石块浸没在水中后测力计的示数G'=_____N，由此可得石块所受浮力$F_浮$=_____N。

（3）石块排开水所受到的重力$G_排$=_____N。

（4）比较$F_浮$和$G_排$的大小，可以发现$F_浮$_____$G_排$。

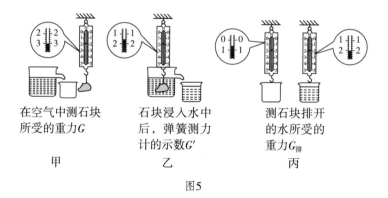

在空气中测石块　　　石块浸入水中　　　测石块排开
所受的重力G　　　后，弹簧测力　　　的水所受的
　　　　　　　　　计的示数G'　　　重力$G_排$

甲　　　　　　　乙　　　　　　　丙

图5

练2：为了探究浸在液体中的物体所受的浮力跟它排开的液体所受的重力的关系，某同学进行了如图6所示的实验。

（1）你觉得合理的实验顺序是_____。

（2）选用其他液体多次实验后，可得出结论：浸在液体中的物体所受的浮力大小_____。

（3）图6乙中，浸没在水中的合金块匀速向下运动的过程中，合金块所受的浮力_____（填"变大""不变"或"变小"）。

（4）合金块的密度是_____。

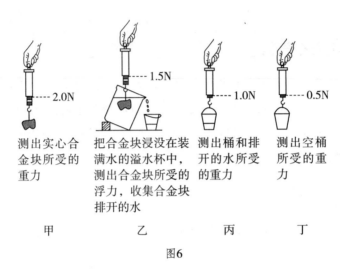

测出实心合金块所受的重力   把合金块浸没在装满水的溢水杯中，测出合金块所受的浮力，收集合金块排开的水   测出桶和排开的水所受的重力   测出空桶所受的重力

甲   乙   丙   丁

图6

三、物体的浮与沉

前提条件：物体浸没在液体中，且只受_____力和_____力。

请根据示意图（图7）填空。

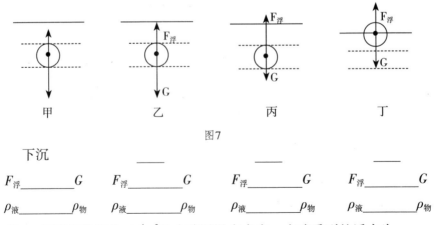

甲   乙   丙   丁

图7

下沉   _____   _____   _____

$F_浮$_____G $F_浮$_____G $F_浮$_____G $F_浮$_____G

$\rho_液$_____$\rho_物$ $\rho_液$_____$\rho_物$ $\rho_液$_____$\rho_物$ $\rho_液$_____$\rho_物$

练1：用手把体积为$10^{-4}m^3$的小球浸没在水中，小球受到的浮力为_____，若该小球重为1.1N，放手后，小球将_____（选填"上浮""静止"或"下沉"）。

练2：小明将质量为90g的物体放入盛满水的溢水杯中，当物体静止时，溢水杯中溢出了80cm³的水，则物体（　　　　）。（g取10N/kg）

A.漂浮在水面上　　　　　　　　B.悬浮在水中

C.沉在溢水杯底部　　　　　　　D.受到0.9N的浮力

四、浮力的应用

（1）轮船：把它做成_____的，能够排开更多的水，从而增大浮力，使轮船浮在水面上。

（2）潜水艇：潜水艇的下潜和上浮是靠改变_____来实现的。

（3）气球和飞艇：充的是密度_____（填"大于""小于"或"等于"）空气的气体。

（4）密度计：利用_____来进行工作。刻度：刻度线从上到下，对应的液体密度越来越_____（填"大""小"）。

练习：同一支密度计分别放在甲、乙两种液体里均静止不动（图8），则密度计在两种液体中所受的浮力$F_甲$_____$F_乙$。两种液体的密度$\rho_甲$_____$\rho_乙$。（选填">""<"或"="）

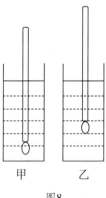

甲　　　　乙

图8

五、计算浮力的常用方法

（1）称重法：用弹簧测力计测浮力。

（2）产生的原因：_____。

（3）阿基米德原理：浸在液体中的物体所受的浮力的大小_____（填

"大于""小于"或"等于")被该物体排开的液体所受的重力。

公式：$F_浮=G_排=m_排g=\rho_液gV_排$。

浮力只跟_____和_____有关，与物体的$\rho_物$、$V_物$、$m_物$、形状、浸没的深浅h、液体的多少都_____关（填"有"或"无"），这也适用气体：$F_浮=$_____$=$_____。

（4）漂浮或悬浮条件：二力平衡。

练1：质量相同的不同材料制成的实心球，甲悬浮在水中，乙漂浮在酒精表面，它们排开的液体质量（　　　　）。

A. 甲大于乙   B. 甲小于乙

C. 甲等于乙   D. 条件不足，无法确定

练2：质量相等的实心铝球和铁球（$\rho_铝<\rho_铁$），分别挂在两个弹簧测力计上，然后将它们全部浸没在水中，比较两个弹簧测力计的示数，则（　　　　）。

A. 挂铝球的示数大   B. 挂铁球的示数大

C. 一样大   D. 无法确定

练3：三个体积相同而材料不同的球A、B、C，分别静止在不同深度的水里，以下说法正确的是（　　　　）。

A. A球所受的浮力最小   B. A球所受的浮力最大

C. C球所受的浮力最大   D. C球所受的浮力最小

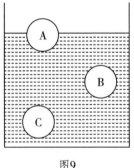

图9

练4：弹簧测力计下悬挂一实心物体，在空气中称时弹簧测力计的示数为27N，浸没在水中时弹簧测力计示数为17N。g取10N/kg，求：

（1）物体浸没在水中时所受的浮力；

（2）该物体的体积；

（3）物体的密度。

六、浮力单元巩固练习

1. 将空矿泉水瓶慢慢压入水中，直到完全浸没。下列对矿泉水瓶受到的浮力分析不正确的是（　　　）。

A. 矿泉水瓶受到水对它的浮力

B. 浮力的方向竖直向上

C. 排开水的体积越大，受到的浮力越大

D. 浸没后，压入越深，受到的浮力越大

2. 一只塑料球，放在酒精中恰好悬浮，而放在水中则漂浮在水面上。该球在这两种液体中所受的浮力大小关系是（　　　）。

A. 在酒精中受的浮力大

B. 在水中受的浮力大

C. 所受浮力一样大

D. 无法确定

3. 一群儿童在海边玩耍，不慎走入深水区，发现后立即向岸边浅水区走去，水底布满小石头，则下述体验与分析合理的是（　　　）。

A. 脚底疼痛感觉减弱，因为人越走越轻

B. 脚底疼痛感觉减弱，因为水对人的浮力越来越大

C. 脚底疼痛感觉加重，因为人越来越重

D. 脚底疼痛感觉加重，因为水对人的浮力越来越小

4. 小张看到鸡蛋浮在盐水面上，如图10所示，他沿杯壁缓慢加入清水使鸡蛋下沉。在此过程中，鸡蛋受到的浮力 F 随时间 t 的变化图像可能是（　　　）。

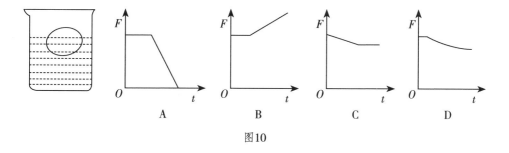

图10

5. 某物质的质量与体积的关系如图11所示，该物质的密度是_____kg/m³。由该物质构成的体积为4×10^{-5}m³的实心物体，重力是_____N。把它放入密度为1.0×10^3kg/m³的水中，静止后受到的浮力大小是_____N，排开水的体积是_____m³。（$g=10$N/kg）

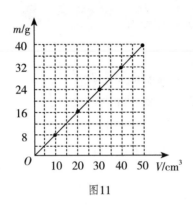

图11

6. 一个重为630N的人漂浮在死海的海面上，则该人受到海水的浮力是多少？他浸入海水中的体积是多少？（死海海水的密度为$\rho_{海水}=1.05 \times 10^3$kg/m³，$g$取10N/kg）

"双减"背景下作业设计思考

——以"流体流速与压强的关系"为例

安宁市禄脿学校 李丹

【课程标准】

1. 了解流体的压强与流速的关系。

2. 了解飞机的升力是怎样产生的，初步领略气体压强差异所产生的一些现象。

【作业设计目标】

1. 改变传统做题方式（理论分析），直观地通过实验现象解答题目，深刻理解物理知识。

2. 同学合作，并通过录制视频和解释题目，提高动手能力和表达能力。

3. 通过实验，提高学习物理学科的兴趣，虽然实验简单，但以小见大，为以后爱上物理课做准备。

【作业内容】

（一）知识点回顾

1. 液体在流速大的地方压强较_____，在流速小的地方压强较_____。

2. 气体在流速_____的地方压强较小，在流速_____的地方压强较大。

3. 气体的压强与海拔的关系：随着海拔的升高，气压变_____，反之_____。

4. 气体的压强与沸点的关系：气压越低，沸点越_____，反之_____。

5. 飞机前进时，对机翼来说，上方空气流速_____，压强_____，而下面空气流速_____，压强_____，从而形成了压强_____，产生了向_____的升力。

（二）实验探究

要求：根据已给题目设计实验并进行探究，通过实验现象（直观依据）完成题目。

探究一：大气压强的存在、力的作用效果

器材：空塑料瓶、火炉、足量的水。

题目：如图1所示，在空塑料瓶内放少量酒精，充分均匀摇晃后，放入点燃的棉签，将瓶口堵住，然后向瓶外浇冷水，发现瓶变扁了，这个现象证明了_____的存在，塑料瓶被压扁表明力可以改变物体的_____。

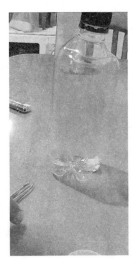

甲　　　　　　　　　乙

图1

探究二：气体压强与流速的关系

器材：硬币、障碍小物。

题目：如图2所示，在硬币上方沿着与桌面平行的方向用力吹一口气，硬币就可以"跳"过栏杆，这是因为硬币上方气流速度_____下方的气流速度，硬币上方压强_____下方压强，产生向上的升力，因此硬币就"跳"过了栏杆。（均选填"大于""小于"或"等于"）

图2

探究三：液体压强与流速的关系

器材：纸船或瓶盖（模拟船）、盆、足量的水、喷水瓶（模拟）。

题目：我国海军舰艇赴亚丁湾护航时，舰艇的排列为前后而非并排。护航编队一般采用前后护航形式，而不采用并排护航，这是因为液体流速大的地方_____小，当两船高速并排行驶时，容易发生_____事故。

图3

探究四：大气压强与高度的关系

器材：透明塑料瓶或玻璃瓶、吸管、足量的水、适量红墨水。

题目：图4是小明制作的简易压强计，他往一个瓶子里装入适量带颜色的水，用一根两端开口的细玻璃管穿过瓶子的橡皮塞插入水中，并从玻璃管上端吹入少量气体，使瓶内气体压强_____（选填"大于"或"小于"）大气压，水沿玻璃管上升到瓶口以上，简易气压计便制作完成。把该气压计从山下拿到山上，细玻璃管内的液柱会_____（选填"上升"或"下降"），原因是大气压随高度的增加而_____（选填"增大""减小"或"不变"）。

图4

探究五：气压与沸点的关系

器材：烧瓶、烧杯、酒精灯、火柴、适量的水。

题目：将烧瓶内的水加热至沸腾后移去火焰，水会停止沸腾，迅速塞上瓶塞，把烧瓶倒置并向瓶底浇冷水（图5），你会观察到烧瓶内的水又沸腾起来，产生这一现象的原因是（_____）。

图5

A. 瓶内气体温度升高，压强增大，水的沸点降低

B. 瓶内气体温度降低，压强减小，水的沸点降低

C. 瓶内气体温度降低，压强减小，水的沸点升高

D. 瓶内气体温度升高，压强减小，水的沸点升高

探究六：飞机升力产生的原因

器材：模型飞机、吹风机、台秤。

题目：某科技馆内有一个风洞实验室，一架模型飞机固定在托盘测力计上，如图6所示。无风时，托盘测力计示数为15N；有风时，托盘测力计示数为_____N，且风速越大，托盘测力计示数越_____。

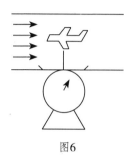

图6

探究七：流体压强与流速的关系

自行设计一道关于"流体压强与流速的关系"的题目，并通过实验演示完成题目。（取生活中身边的实例，如图7所示）

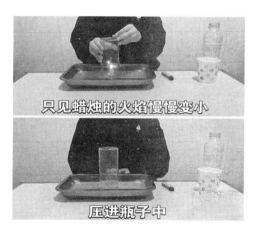

只见蜡烛的火焰慢慢变小

压进瓶子中

图7

【实施过程与策略】

全班分成4个12人的大组，每个大组又分为6个2人的小组，每小组各选一个探究（探究一至探究六），探究7属于个人任务，全班同学都需自行完成。选一名领导能力、学习能力较强的同学为组长，同时选取3名同学为观察员，2名同学为记录员。

将作业内容分配给组长，要求集各小组的智慧汇总前6个探究，小组讨论选出一个最优探究七。每组上交一份作业及相关视频即可。教师批改实验方案，最后选出最佳方案及视频，在班级进行展示，以便播放给其他小组同学，实现数据共享。

【效果分析】

初中物理的学习，在学习目标上强调学生在物理学科核心素养方面获得全面发展，通过科学探究，积极参与挑战性任务，获得核心物理知识，形成积极的科学态度和正确的价值观。所以本次设计的是一份实践研究类作业，通过完成一个个真实的探究任务，体现学生的实践意识和创新精神，弥补纸笔测验对物理学科核心素养评价的不足。

本次作业有梯度，情境由简单到复杂（提供不同器材，创设不同情境），学生在这种实践性作业中收获自信，提升兴趣，获得成就感（见图8）。

图8

【案例反思】

新课标提到，凸显学生的主体地位，关注学生个性化、多样化的学习和发展需求，增强课程适宜性。乡镇学生一般学习习惯较差，书面作业大多完成的质量不高，但动手能力强，探究实验型作业非常适合他们。

探究四中学生出现与实验不相符的现象，通过分析，是电梯内失重造成的。此例学生自我发现并解决问题，并涉及初高衔接问题，非常有利于学生的发展。

《压强》复习作业设计

昆明市关上实验学校　张光伟

一、基础题

1. 2020年5月27日11时，我国珠穆朗玛峰高度测量登山队成功登顶。队员脚穿布满尖钉的登山鞋，通过_____的方法_____冰雪受到的压强，保障行走安全。

2. 如图1所示，用手按压口罩的鼻夹（金属条）可使其贴合面部，说明力可以改变物体的_____；相同情况下，口罩绳带越细，耳朵勒得越疼，这是因为在压力一定时，受力面积越小，压强越_____。

图1

3. 图2是一条小鱼在吐气泡，气泡上升过程中，浮力将变_____，压强将变_____。

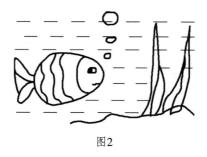

图2

4. 水平桌面上甲、乙两圆柱形容器装有质量相同的水，如图3所示，水对甲、乙两容器底的压力和压强的大小关系分别是：$F_甲$_____$F_乙$；$P_甲$_____$P_乙$（都选填"＞""＜"或"＝"）。

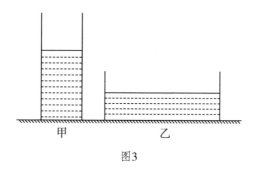

图3

5. 如图4所示，小兰做托里拆利实验时，准确测得水银柱的高度为750mm，此时的大气压_____（选填"高于""低于"或"等于"）标准大气压。若她把玻璃管向右倾斜一些，管内水银柱的液面高度将_____（选填"升高""降低"或"不变"）。

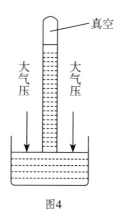

图4

6. 图5所示的四个实例中，为了增大压强的是（   ）。

甲　　　　　　　　乙

丙　　　　　　　　丁

图5

A. 坦克装有宽大的履带　　　　　　　B. 书包背带做得较宽

C. 斧刃磨得锋利　　　　　　　　　　D. 在铁轨下面铺枕木

7. 如图6所示，竖直放置一矿泉水瓶子，并在侧壁钻A、B、C、D四个一样大小的小孔，打开瓶盖，往瓶中注满水，水将从瓶孔喷出，水喷出速度最大的是（   ）。

A. A孔　　　　　B. B孔　　　　　C. C孔　　　　　D. D孔

图6

8. U形管两端的液面原来相平,小红向粗细不一的管子吹气时,液面变成图7所示的情形,以下分析正确的是( )。

A. 吹气时,A处的气体压强比B处的小

B. 吹气时,B处的气体流速比A处的大

C. 吹气时,A、B处气体压强相等

D. 停止吹气后,U形管两端的液面不会恢复相平

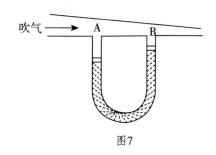

图7

9. 图钉尖端的面积是0.33mm²,钉帽的面积是1.5cm²,用9N的力垂直于墙壁按这只图钉,如图8所示,求:

(1)图钉帽受到的压力为_____N,墙壁受到的压力为_____N。

(2)图钉帽受到的压强和墙壁受到压强分别为多少?

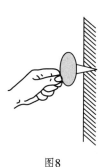

图8

10. 如图9所示,将底面积为50cm²,质量为0.3kg的容器放在表面积为1m²的水平桌面上,容器内装有重40N,深60cm的水。$g=10N/kg$,$\rho_{水}=1\times10^3kg/m^3$,求:

(1)A点水的压强;

(2)水对容器底的压强和压力;

(3)容器对水平桌面的压力和压强。

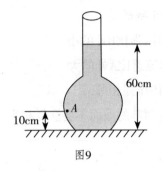

60cm

10cm

·A

图9

二、能力提升

1. 如图10所示，甲、乙两个实心圆柱体放在水平地面上，它们的高度分别为$h_甲$、$h_乙$，底面积分别为$S_甲$、$S_乙$，已知$h_甲$：$S_乙$=4：5，$S_甲$：$S_乙$=2：3，它们对地面的压强相等，则甲、乙的密度比为_____，甲、乙受到的重力比为_____。

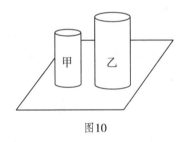

图10

2. 如图11所示，一重为2N的薄壁容器中装有质量为600g的水，容器的底面积为40cm²，水对容器底部的压力为_____N，容器对桌面的压强为_____Pa。（g取10N/kg）

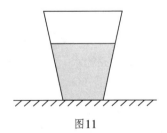

图11

3. 边长12cm的均匀正方体，重为72N，放在水平桌面中央，则正方体对桌面的压强为_____Pa；如12图所示，若沿水平方向截下一部分a立放在水平桌面上，且使a对桌面压强为剩余部分b对桌面压强的1.5倍，则剩余部分b的高度为_____cm。

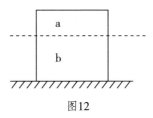

图12

4. 如图13所示，水平桌面上放置一块质量分布均匀且长度为L的长方体木板M，木板右端与桌边相齐，在水平向右的力F的作用下沿直线向右做匀速运动，直到木板M有$\frac{1}{3}L$的长度离开桌面。在此过程中，下列说法正确的是（　　　）。

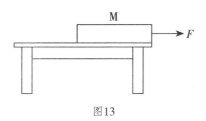

图13

A.木板M对桌面的压力变小 　　　　B.木板M对桌面的压强不变

C.木板M对桌面的压强变大 　　　　D.木板M受到桌面的摩擦力变小

5. 如图14所示，水平桌面上放有底面积和质量都相同的甲、乙、丙三个平底容器，分别装有深度相同、质量相等的不同液体。下列说法正确的是（　　　）。

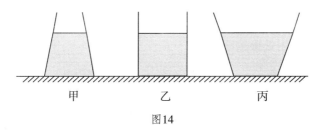

甲　　　　　　　　乙　　　　　　　　丙

图14

① 容器对桌面的压力：$F_甲=F_乙=F_丙$；

② 容器对桌面的压强：$p_{1甲}<p_{1乙}<p_{1丙}$；

③ 液体的密度：$\rho_甲>\rho_乙>\rho_丙$；

④ 液体对容器底部的压强：$p_{2甲}=p_{2乙}=p_{2丙}$。

A. 只有①和③
B. 只有②和③

C. 只有①和④
D. 只有②和④

6. 图15是三个用同种材料制成的形状不同的实心柱体，放在同一个水平桌面上，下列说法正确的是（　　　）。

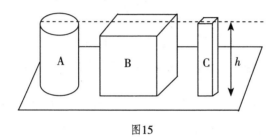

图15

A. 重力关系$G_A>G_B>G_C$
B. 压力关系$F_A<F_B<F_C$

C. 压强关系$p_A=p_B=p_C$
D. 密度关系$\rho_A<\rho_B<\rho_C$

7. 在探究"压力的作用效果"时，某同学利用小桌、海绵和砝码等器材进行如图16所示的实验。

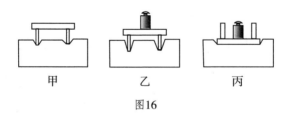

甲　　　　　　　乙　　　　　　　丙

图16

（1）实验中通过观察海绵的_____来比较压力的作用效果。

（2）分析图16乙和_____的实验，可得出结论：当压力一定时，受力面积越小，压力的作用效果越明显。

（3）比较图16甲、乙所示实验，可得出结论：受力的面积相同时，_____越大，压力的作用效果越明显。下列实例中，直接应用该结论的是_____（选填"A"或"B"）。

A. 图钉的一端做得很尖

B. 交通管理部门规定，严禁货车超载

8. 图17是"研究液体内部的压强"的装置（U形管所装液体是水）。

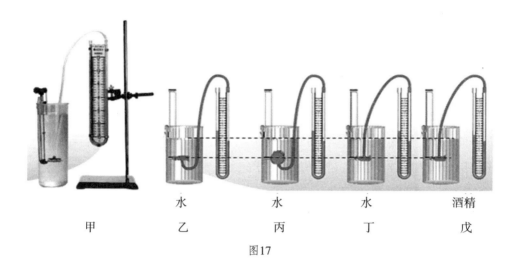

图17

（1）图17甲中的压强计通过观察U形管中液面高度差的大小来反映_____的大小。

（2）小明在探究过程中发现U形管中的液面高度差不变，说明_____。

（3）仪器调试好后进行实验，得到乙、丙、丁图的结果，由图可知，在同一深度，液体内部向各个方向的压强_____。

（4）比较丁图和戊图，说明同一深度，液体压强还与_____有关。

（5）在戊图中，U形管左右两侧液面高度差$h=5cm$，则压强计所测之处的液体压强是_____Pa。

9. 有两个圆柱体A、B，圆柱体的重力为200N，底面积为100cm^2，圆柱体B的重力为80N，底面积为40cm^2。将圆柱体B放在水平面上，再把圆柱体A放在圆柱体B的上面，如图18所示，求：

（1）圆柱体A对圆柱体B的压强；

（2）圆柱体B对桌面的压强。

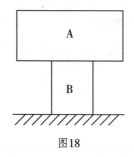

图18

10. 如图19所示，置于水平桌面上的容器装有某种液体。液体的体积为 $2.0 \times 10^{-3} m^3$，深度为0.5m，若容器重为20N、底面积为 $2.0 \times 10^{-3} m^2$，容器底受到液体的压强为 $5.0 \times 10^3 Pa$，g取10N/kg，求：

（1）液体的密度；

（2）距容器底高为0.2m处A点的液体压强；

（3）这个装着液体的容器对桌面的压强；

（4）液体对容器底的压力。

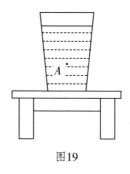

图19

三、思维拓展

1. 用两种物质分别制成棱长相同的实心正方体甲、乙，它们的质量和体积的关系如图20所示。把它们平放在水平地面上，则它们对水平地面的压强之比 $p_甲 : p_乙$ 为（　　　）

A. 4：3　　　　　B. 8：1　　　　　C. 4：1　　　　　D. 1：2

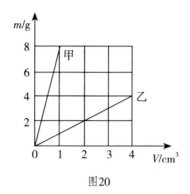

图20

2. 图21是小明利用$V=2\text{mL}$的注射器、弹簧测力计、刻度尺等器材估测大气压值的情况。

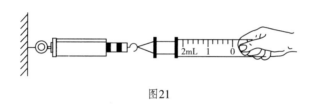

图21

（1）利用刻度尺测量出_____的长度l为10cm，即可算出活塞横截面积为_____cm^2。

（2）把活塞推至注射器筒的底端，用橡皮帽封住注射器小孔，再水平向右缓慢拉动注射器筒，当注射器的活塞开始滑动时，记下弹簧测力计的示数$F=2.1\text{N}$，据此可测得大气压值$p=$_____Pa。

（3）考虑到活塞与筒壁之间有摩擦，小明继续拉动一小段距离后，缓慢退回注射器筒，在活塞刚要到筒内底部时弹簧测力计示数为F'，则大气压值$p'=$_____（用题中出现的物理量符号表示）。

（4）实验时若筒内空气没有排尽，此因素将导致所测大气压值_____（填"偏大""偏小"或"不变"）。

3. 如图22甲所示，底面积为50cm^2、高为10cm的平底圆柱形容器和一个质量为100g、体积为40cm^2的小球置于水平桌面上（容器厚度不计）。容器内盛某种液体时，容器和液体的总质量与液体的体积关系如图22乙所示。$g=10\text{N/kg}$，求：

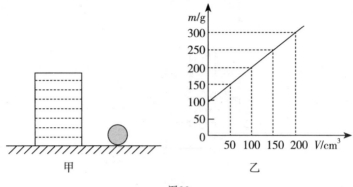

图22

（1）液体的密度；

（2）容器内盛满这种液体后，再将小球轻轻地放入容器中，小球静止后，容器对桌面的压强。

4. 图23是高压锅的示意图，锅盖上有一个竖直空心柱为排气孔，空心柱上配有一个限压阀，当高压锅内的气体压强超过安全值时，锅内气体就会冲开限压阀，放出一部分水蒸气，使锅内气体压强减小。现有一个直径为22cm，空心柱小孔的横截面积为10mm^2，限压阀的质量为100g的高压锅，用它来煮饭，若当时的大气压为1.8×10^5Pa，问：

（1）此高压锅内气体的最大压强是多少？

（2）经商品质量检测部门检测，此高压锅气体的最大压强不能超过1.8×10^5Pa，要使此高压锅继续安全使用，原来的限压阀还能使用吗？若不能，应再配一个质量为多大的限压阀。（g=10N/kg）

图23

《杠杆》作业设计

云南大学附属中学　褚修成

一、作业内容

（一）知识点梳理

1. 杠杆的定义

在力的作用下能绕着_____转动的硬棒称作杠杆。

2. 杠杆的五要素

（1）支点：杠杆可以绕其_____的点。

（2）动力：使杠杆转动的力。

（3）阻力：_____杠杆转动的力。

（4）动力臂：从_____到_____的距离。

（5）阻力臂：从_____到_____的距离。

3. 杠杆平衡及平衡条件

杠杆平衡：杠杆在动力和阻力的作用下处于_____状态。

杠杆的平衡条件：动力×动力臂=阻力×阻力臂。用F_1、F_2、L_1、L_2分别表示动力、阻力、动力臂、阻力臂，杠杆的平衡条件还可写为_____。

4. 杠杆的分类（表1）

表1

种类	省力杠杆	费力杠杆	等臂杠杆
力臂关系	L_1____L_2	L_1____L_2	L_1____L_2
省力情况			

（续表）

距离情况			
应用			

（二）知识点训练

1. 下列物体中能作为杠杆的是（　　　）。

A. 一把剪刀　　　　　　　　　B. 一段橡胶软管

C. 一根弹簧　　　　　　　　　D. 一段棉线

2. 如图1所示，常用的杠杆工具，属于省力杠杆的是（　　　）。

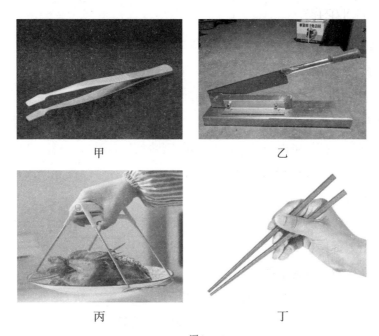

甲　　　　　　　　　　　乙

丙　　　　　　　　　　　丁

图1

A. 金属镊子　　　　　　　　　B. 家用多功能小铡刀

C. 碗夹　　　　　　　　　　　D. 筷子

3. 图2是早年间农村普遍使用的压井，上边的杆可抽象为一杠杆，在取水时，向下压杆的末端，水就会自动流出。不计杆的自重，能正确表示杆的工作示意图的是（　　　）。

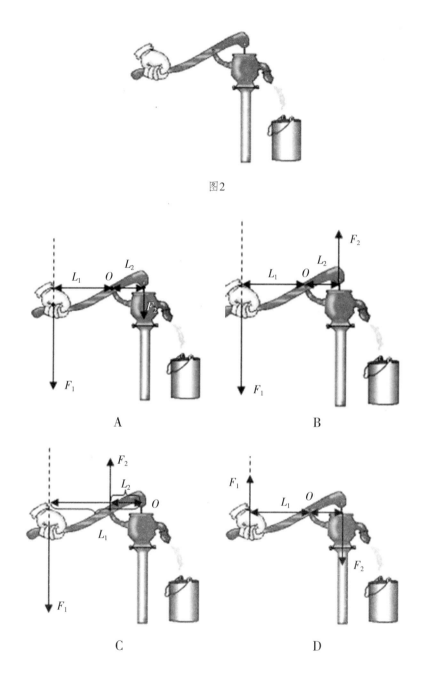

图2

A

B

C

D

4. 按要求作图。

（1）在图3中作出动力F_1的力臂L_1；

（2）在图4中画出在杠杆上施加的最小动力F_1及阻力F_2的示意图；

（3）如图5所示，杠杆在水平位置保持静止，L_1为动力F_1的力臂，请在图5中作出动力F_1及阻力臂L_2的示意图。

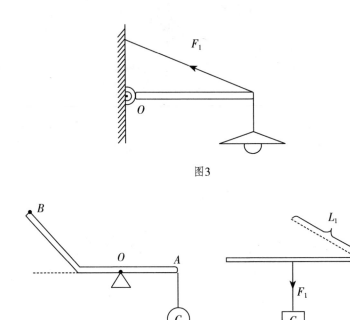

图3

图4　　　　图5

5. 超市里的手推车如图6所示，某顾客推着空车前进时，当前轮遇障碍物A时，顾客向下按扶把，这时手推车可看成杠杆，支点是_____点；当后轮遇到障碍物A时，顾客向上提扶把，这时支点是_____点。

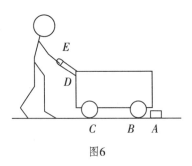

图6

6. 若用撬棒撬起大石头，可以施加向上的力F_1，也可以向下施加力F_2，如图7所示，$BC=CD$，向上用力时支点是_____点，$F_上$_____$F_下$。

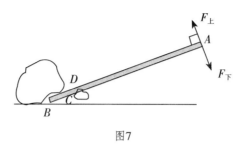

图7

7. 如图8所示，小明正在做俯卧撑，把他的身体看作一个杠杆，O为支点，A为重心，他的体重为600N，此时地面对手的支持力F的力臂是_____m，大小为_____N。

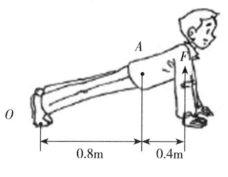

图8

8. 利用杠杆投掷石球，如图9所示，作用在A点的力沿_____方向时最小，若力沿c的方向时力臂_____（选填"变长""变短"）。已知石球重100N，$OA：OB=1：4$，则作用在A点的力的最小值为_____N（不计杠杆自重及摩擦）。

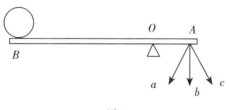

图9

9. 如图10所示，匀质杠杆可绕着O点转动，作用在杠杆一端且始终与杠杆垂直的力F将杠杆缓慢地由与水平方向夹角为30°的位置拉至水平位置，在这个过程中力F的大小将_____（选填"增大""不变"或"减小"）。

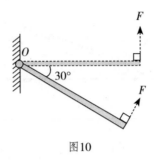

图10

10. 在学习《杠杆》一节的知识时，教师制作了一个如图11所示的简易教具，核心部分由圆盘和支架组成，轻质硬塑料板制成的圆盘可以绕O点转动，在A点始终用细线悬挂一个重为2N的重物，A，B，E，F四点在以支点O为圆心的圆上，G，B，H在一条直线上，A，B，C，D，O在同一直线上，两条直线相互垂直，为了探究"影响杠杆平衡的因素"，教师首先旋转圆盘，使AD所在的直线与水平地面平行，并做了如下探究。

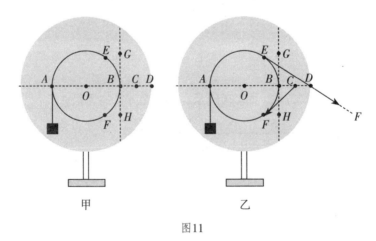

图11

（1）根据所学知识，该圆盘_____（选填"属于"或"不属于"）杠杆。

（2）当另一个带细线重为2N的物体分别挂在不同的点时，记录的实验数据见表2。小明根据1，2，3三次实验现象得出"支点到力的作用点的距离是影响杠杆平衡的因素之一"的结论。小红根据_____三次实验可知，小明的结论是_____（选填"正确的"或"错误的"）。

表2

实验次数	悬挂点	重量/N	圆盘状态
1	B	2	静止
2	C	2	向右边加速转动
3	D	2	向右边加速转动
4	E	2	向左边加速转动
5	F	2	向左边加速转动
6	G	2	静止
7	H	2	静止

（3）当同学们困惑时，教师用弹簧测力计分别悬挂在C点和D点，偏转拉力的方向，当拉力的方向如图11乙F_1和F_2所示且弹簧测力计示数为2N时能够使圆盘保持如图11乙所示的平衡。在教师引导下，同学们思考发现，几次实验中圆盘能够保持平衡的共同特点是：支点到_____的距离相同，物理学中，将这段距离称为_____。

（4）生活中杠杆的运用比较多，在开啤酒时，开瓶器属于_____杠杆。

11. 小周同学利用如图12所示的装置来探究"杠杆的平衡条件"。

（1）杠杆静止如图12甲所示，此时杠杆_____（选填"处于"或"不处于"）平衡状态。实验前，将两端的平衡螺母向_____（选填"左"或"右"）调节，直到杠杆在水平位置平衡。

（2）如图12乙所示，在A点挂2个重力均为1N的钩码，在B点用不计自重的弹簧测力计竖直向下拉杠杆，使其在水平位置平衡，弹簧测力计的示数为_____N。实验过程中，让杠杆在水平位置平衡的目的是_____。

（3）如图12丙所示，保持A点所挂砝码的数量和位置不变，将弹簧测力计绕B点从a位置转到b位置，杠杆始终保持水平平衡，在此过程中拉力F的力臂为_____，拉力F与其力臂的乘积变化情况是_____（两空均选填字母代号）。

A. 一直变小   B. 一直变大

C. 一直不变   D. 先变小后变大

（4）小周用如图12丁所示的装置正确测量多次，当杠杆水平平衡时发现：F_1L_1总是_____F_2L_2（选填"＞""＜"或"＝"），其原因是_____。

（5）在探究过程中，我们需要测量和记录动力、动力臂、阻力、阻力臂4个物理量，在进行多次实验的过程中，我们_____（选填"可以"或"不可以"）同时改变多个量，进行探究测量。

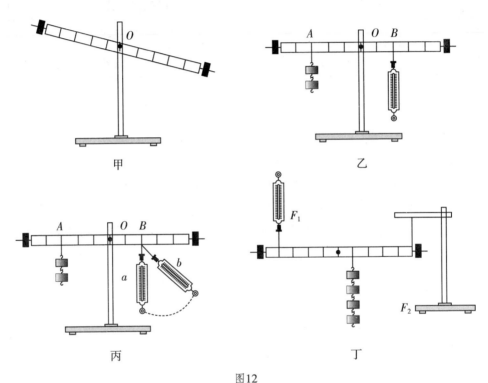

图12

12. 看如图13所示的漫画，小猴和小兔在分萝卜，它们用一个三角形支点支起萝卜，当萝卜平衡时，小兔选择了长的那段萝卜，小猴选择了短的那段，_____（选填"小猴"或"小兔"）分得萝卜重，原因是_____。

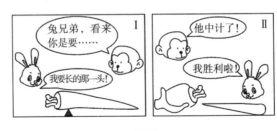

图13

13. 如图14所示，有一根均匀的直铁棒BC长L、重420N，左端放在水平桌面上，A为桌角的位置，$AC=\dfrac{2}{9}L$，若F的方向保持不变，求能使铁棒保持水平的拉力F的范围。

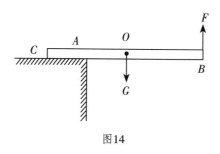

图14

（三）科学小制作

请利用一根PVC管、50g的钩码、细线制作一个简单的杆秤。

二、案例分析

（一）课程标准要求

知道简单机械，通过实验探究了解杠杆平衡的条件。

（二）教材分析

在学习"杠杆"这一节内容前，学生已经学习了力、力与运动的相关知识，这部分内容是前面所学知识的扩展，也是后面滑轮等其他一些简单机械的基础；在这一章节后的第三、四、五节是对机械做功问题的进一步引申，是对机械效率问题的讨论。教学中要使简单机械的教学形成一个整体，使简单机械的概念相对完整，不仅从力的角度，而且从功的角度去分析简单机械，真正使学生掌握使用简单机械的目的。

（三）学情分析

初二学生思维活跃，好奇心重，求知欲强，但他们对事物的认识还不够全面，仍需要借助具体形象的材料来辅助他们的认知。杠杆对于八年级的学生来说，既熟悉又陌生。说熟悉，是因为学生在日常生活中和小学自然常识课的学习中已对杠杆有了一定的感性认识。说陌生，是因为这节课要求学生对杠杆的认识从感性提高到理性，还需要综合运用各方面的知识，如力臂的作图、力的测量等知识；科学探究环节还要进行科学的分析、猜想、设计实验、测量、数据处理、推理归纳等，可以说对学生综合能力要求非常高，本节课能够有效锻炼学生思维能力。

（四）学科素养落实

（1）引导学生通过对生活和生产中使用的杠杆概括出杠杆的特征，正确认识杠杆、杠杆平衡的含义以及杠杆平衡的条件，形成正确的物理观念。

（2）引导学生通过熟悉的生活中的杠杆抽象概括出杠杆的特征，并利用杠杆去解决生活中的实际问题，锻炼学生的抽象概括、分析、推理的能力，以此训练学生的科学思维。

（3）引导学生对杠杆平衡条件进行猜想，对实验的方案进行设计，分组完成实验的具体探究过程并收集数据得出杠杆平衡的条件，锻炼学生的科学探究能力。

（4）通过本节课的教学，继续向学生渗透物理来源于生活，经过观察、实验等手段建构物理模型，并解决生产、生活中的实际问题，从物理走向生活，学以致用，服务社会。

中 篇

论 文 荟 萃

浅谈实验探究对培养学生物理核心素养的意义

安宁市实验学校　陈伯凯

一、《墨子》中的理论基础

春秋战国时期，百家争鸣，有一人名叫墨翟，人称"墨子"，他所领导的墨家学派成为一时之显学，引得无数政客名士追捧。

《墨子》（《经说上》）把知识分为"闻、说、亲、名、实、合、为"七种，通过老师的传授，叫作"闻"；通过讨论以已知推论未知，叫作"说"；亲自去观察或操作，叫作"亲"；听见事物的名称而推知，叫作"名"；看见事物的实体而推知，叫作"实"；名称和实体同时得到而后推知，叫作"合"；将已知用于实践之中，叫作"为"。

其中，通过亲自观察或操作才能得到的知识，与我们物理实验操作的思想不谋而合，即上文中说到的"亲"。

《墨子》一书中记录了很多古代劳动先民利用自己的智慧发展生产的实例，无不体现出实践操作的重要性。

例如小孔成像：

影倒，在午，有端与影长，说在端。（《经下》）

景：光之人，煦若射。下者之入也高，高者之入也下。足蔽下光，故成景于上；首蔽上光，故成影于下。在远近有端，与于光，故景障内也。（《经说下》）

在黑暗小屋朝阳的墙上，开一小孔。假定有一个人，对着小孔，站在屋外。在阳光照射下，屋内相对的墙上出现一倒立人影。光穿过小孔如射箭一样，是直线进行的。人的头部遮住上面射来的光，成影在下边。人的足部遮住下面射来的光，成影在上边，所以构成倒影。《墨子》中已经利用光沿直线传播的原理来解释小孔成像了。（《墨子及其后学》孙中原著）

例如杠杆原理的桔槔：

负而不挠，说在胜。（《经下》）

衡木加重焉而不挠，极胜重也。右校交绳，无加焉而挠，极不胜重也。不胜重也。衡，加重于其一旁，必捶，权重相若也。相衡，则本短标长。两加焉重相若，则标必下，标得权也。（《经说下》）

利用杠杆做功，需调整支点的位置，让横杆"本短标长"，本短则本轻，标长则标重，一般还要在标端绑一块石头，以加大标端的重量。汲水时，人把水桶放入水中，水灌满后松手，这时较重的标端必然下降，水桶被翘起。（《墨子及其后学》孙中原著）

例如声音振动传播的罂听：

穿井城内，五步一井，傅城足。高地，丈五尺，下地，得泉三尺而止。令陶者为罂，容四十斗以上，固幂之以薄鞈革，置井中，使聪耳者伏罂而听之，审知穴之所在，凿穴迎之。（《备穴》）

罂是大陶罐，小口大腹。在罂口上蒙以薄皮，放入井中。让耳朵灵的人伏在罂口上听，探知敌方挖掘坑道的方向所在，以便迅速采取措施，迎击敌人。（《墨子及其后学》孙中原著）

以上三个例子充分说明，以墨子为代表的古代劳动先民在长时间的劳动与实践操作中，在不断地实验探究中，制作工具，总结经验，有效推动了社会经济的发展。

二、实验教学现状

实验探究课，学生需要重新经历那些伟大的物理学家的实验探究过程。可是现实却是很多教师会选择性地做一些简单的实验。这固然有教学压力、考试压力、教学时间这些客观影响因素，却也或多或少地说明教师对知识生成的规律认识不足，对学生发展规律懒于了解。学生对于知识并没有一个实践性的认识，以后如果遇到类似的问题，也没有去探究的意识。

三、新课标的理解

新课标中提到了核心素养的问题。核心素养的四个内容应该从三个方面进行阐述：第一个方面是什么是物理，第二个方面是我们为什么要学习物理，第三个方面是学习了物理之后要达到什么样的能力要求。

物理学是研究自然界的物质、相互作用和运动规律的自然科学。我们现在的世界完全构建于现代物理学基础之上，通过物理学能够知道我们从哪里来，将到哪里去。当我们抬头仰望星空时，看着那满天的星辰，我们也就知道了物理的意义。

人刚开始行走于大地的时候，对所有的现象都充满好奇，这是人类作为众灵之长，大自然给予的最好馈赠。人类不停地探索未知，发现新事物，这才构建了我们的现代世界，使人类社会从原始走向文明。

一个物理人应该是唯物主义的，他知道物理本身存在于世界之中，人类社会应该逐层而建，而这一建立又需要逐层的基础积累，不是夜郎自大，不是叶公好龙，也不是空中花园。

一个物理人应该是理性的，理性地分析事物的原因、经过、结果，也会理性地分析事物的过去、现在、未来，给事物的所有过程以合理的解释，也能够理解所有事物所表现出来的状态。

一个物理人应该对我们的世界抱有强烈的好奇心和探究欲望，从已知走向未知，从物理走向生活，当所有人都只是面对苍白现实的时候，他依然能够仰望星空，不缺乏探究的欲望，当然也不缺乏探究的能力。

四、从物理学家身上找寻实验的意义

在我们经常使用的教科书上，有很多伟大的物理学家的故事，他们的人生经历、他们的物理故事以及他们身上那种勇于探索、锲而不舍的精神永远值得我们学习。比如以下几个故事：

牛顿酷爱读书和动手制作。上小学时，他就做了不少的风车、风筝、日晷、漏壶等实用器械，受到同学和邻居的赞赏。1661年，牛顿考入剑桥大学做工读生，其很多时间都花在实验方面……

马德堡半球实验：将两个直径为30cm的铜制空心半球紧扣在一起，用抽气

机抽出球内空气,然后用16匹马分别向相反方向拉两个半球……

欧姆那时的实验条件很差,那些测量电流的仪器和电阻值不同的导体都要自己设计制造……

焦耳做了许多实验,研究热和功之间的联系以及电流的热效应……

以上这些伟大的物理学家,还有那些无数没有被记录的物理人,他们实验探究的光辉必将永存于世。而他们进行实验探索的事迹也告诉我们,亲自进行实验探究,对于发现未知的世界是多么重要。

五、自制实验教具

教师在教学的过程当中往往会挑简单易行的实验进行选择性操作,而对某些可以有良好演示效果的小制作、小实验,通常都忽略了。一些巧妙的演示实验可以调动学生的学习主动性,激发学生的学习兴趣,对于学生理解基本物理概念是有所帮助的。

教师要学会观察与收集生活当中身边的各种简陋器材自制教具,身边也应该有一个百宝箱。我在家中也制作过一些实验装置,近几年水火箭也是比较流行的项目。这些简陋的器材都为我们的教学提供了良好的帮助。

有一些实验可以布置成作业,让学生在家中完成,这也是一件教学相长的好事情,也可以构建一种良好的师生关系。

还有一类实验用于解决课外出现的问题。这些实验完全可以放手让学生自我探究,教师可以提供一些实验方法,学生在共同努力下,一起完成一份实验报告,这就将学生的学习提升至另一个高度。

六、物理实验室的意义

物理不能够脱离实验,没有实验也不能够成就物理,物理学和实验探究本来就是一体的,二者怎么能分开讨论呢?实验室其实就是物理教师的主战场。学生应该多去实验室,还物理实验室本该有的样子。

实验室是一个探究的场所,是一个发现未知世界的地方,应该也是每一个物理人、每一个学习物理的学生心中的圣地。各种实验用的器材应该随时出现在教师的身边,随手可以拿来,这才是实验以及实验室的意义所在。

也许正如《墨子》所说,是该让我们"亲"一"亲"物理实验了。

"用圆锥摆粗略验证向心力的表达式"的实验改进

昆明市官渡区第二中学　程蕾

自伽利略开创了逻辑与实验检验结合的科学方法以来，人类对自然界的认识突飞猛进，但仍有很多问题尚未解决，科学研究并未停止。因此，学生在高中阶段除了学习知识本身以外，还应形成基本的探究意识，掌握基本的探究方法，获得一定的探究能力，为升学深造，面对现代和未来社会的挑战打下基础，满足终身发展的需求。

人教版高中物理必修2中第五章第六节为《向心力》，为了提高学生对向心力的感性认知，课本向学生展示了一个经典实验，这个经典实验是利用科学探究方法呈现给学生的，即"用圆锥摆粗略验证向心力的表达式"。这个实验的设计方法、原理非常好，可是很多教师在讲授向心力的时候，往往忽略实验对探究的正向引导，口头说实验、粉笔写实验，更有甚者用数学方法对理论进行推导，得出向心力的数学表达式，这种方法往往不能使学生心服口服，失去了探究实验在物理教学中的核心地位——物理教学的本质所在。鉴于以上种种原因，本文提出了粗略测量并验证向心力的表达式。由于本实验是大致且粗略进行测量，很多教师会认为这个实验误差会比较大，不容易做且不容易成功。主要原因：一是觉得让摆球做圆周运动比较困难，大多是椭圆；二是测量周期的时候，单单测两三圈或许有较大误差，空气阻力的存在使得师生担心多测几圈导致运动半径不断减小；三是实验时用在纸上画出的圆来推导圆周运动的半径过于简单且粗糙。

但我经过探索发现，某些地方做一下改进，这个实验可以很好地验证向心力的表达式，是一个难得的精彩实验。

一、回顾教材中出现的探究实验方法及原理

将一个钢球用细线悬挂在其下面，铁架台置于水平面上并将细线与此固定。将画着几个同心圆的白纸置于水平桌面上，使钢球静止时正好位于圆心。用手带动钢球，设法使它沿纸上的某个圆周运动（见图1）。

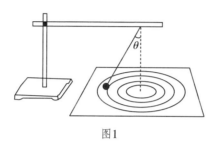

图1

探究实验：钢球运动n圈时，用秒表记录钢球运动的时间t，将运动轨迹通过投影展示出来，在纸上画出钢球在做匀速圆周运动时，其运动半径r为多大，这样就能算出小钢球的线速度$v=2n\pi r/t$。小钢球的质量m可以用天平测出，于是就能算出钢球所受的向心力$F_n=mv^2/r$。

我们再进行受力分析，根据牛顿第二定律计算出小钢球所受的向心力。

对钢球运动过程进行分析：在水平桌面上做匀速圆周运动的小钢球受到重力mg和细线拉力F_r的作用（见图2），它们的合力为F。根据牛顿运动定律可得，$F_合=mg\tan\theta$。$\tan\theta$值能通过以下测量和计算得到：在图1中，测出圆半径r和小球距悬点的竖直高度h，两者之比就是$\tan\theta$。用天平测得钢球质量后，合力F的值也就得到了：$F_合=mg\tan\theta=mgr/h$。

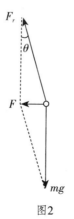

图2

另外，由于小球运动时距纸面有一定的高度，所以它距悬点的竖直高度h并不等于纸面距悬点的高度。这点差别可以通过合理估算解决。此外，测量小球距悬点的竖直高度时，要以小球的球心为准。（本实验的小钢球尽量小）

通过比较两种方法得到的向心力，对实验的可靠性做出评估。

二、"用圆锥摆粗略验证向心力的表达式"实验的改进策略

实验改进的思路主要从操作的方便和精准两个角度来考虑，本实验进行了如下5个改进。

改进1：用试管夹将细线夹住固定于铁架台上，这样悬点就是某一个固定点了。

改进2：用手拿着悬线运动，再带动小钢球运动，通过调整悬线让小钢球做圆周运动。这样比用手直接拿着小钢球使其先做匀速圆周运动，然后松开手要好。因为对于圆锥摆有$mg\tan\theta=mv^2/r$，可以看出对于一个确定的半径r，线速度v肯定是唯一的，而手拿着钢球很难保证其速率不变。

改进3：不测小钢球的质量m。要比较$F_n=mv^2/r$和$F_合=mg\tan\theta$的大小关系，只需比较v^2/r和$g\tan\theta$的大小，而没有必要测小钢球的质量。

改进4：不测小钢球做圆周运动的半径r。由$F_n=mv^2/r=mw^2r=（2\pi/T）\times mr$和$F_合=mg\tan\theta=mgr/h=（g/h）\times mr$，只需要比较2（$2\pi/T$）和（$g/h$）的大小就可以比较$F_n$和$F_合$的大小。在整个科学探究实验中，需要测量钢球运动的周期和高度，不需要再测量小钢球的运动半径。那么如何来精准测量小钢球做圆周运动的半径r呢？

改进5：准确测出小钢球运动时的实际高度h。取一激光器，用夹子水平固定在铁架台上，高度可调。检查激光器是否水平的方法：将有刻度的直尺竖直放于桌面上平移，若激光器的光点照在刻度尺上的同一点处，则说明激光器水平。将小钢球推到预做匀速圆周运动圆周的某一点正上方，将激光器水平调节到与钢球球心同一水平高度，把有刻度的直尺竖直置于悬点处，读出悬点刻度和激光器光点的刻度，两刻度的差值即为钢球运动时的实际高度h。

另外，还有一种准确测出小钢球运动时实际高度的方法，制作一个带有活动标杆和刻度尺的支架，这样可以更方便地测出小钢球运动时的实际高度h，如图3所示。

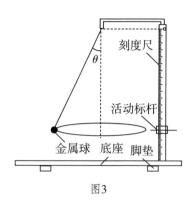

图3

支架制作方法：①用长方形木板制成底座，并装上4个橡皮脚垫，在底座上固定好木质支架；②在支架的右侧竖直固定一刻度尺，零刻度在上端，并且零刻度线要对准悬点；③取一块能卡在刻度尺上，并能在尺子上滑动的透明塑料块，再在塑料块上穿一根短直的细杆，制成能在刻度尺上滑动又能左右调节长度的活动标杆。

三、实验数据和结果

经过改进后，该实验的数据和结果见表1。

表1

实验数据处理表格（g取9.8m/s^2）						
次数	h/m	t/s	n（圈数）	$F_{合}=\dfrac{mrg}{h}$/mr	$F_n=mr\left(\dfrac{2\pi n}{t}\right)^2$	相对误差
1	0.991	39.7	20	9.89mr	10.01mr	1.20%
2	0.928	38.4	20	10.56mr	10.70mr	1.31%
3	0.859	36.9	20	11.41mr	11.59mr	1.55%
4	0.742	34.2	20	13.21mr	13.49mr	2.08%
5	0.684	32.8	20	14.33mr	14.66mr	2.25%
6	0.637	31.6	20	15.38mr	15.80mr	2.66%

根据大量的精准实验，发现有下列规律：①一般来说，小钢球做圆周运动的轨道半径越小，相对误差就越小，当角度小于10°时，相对误差一般小于2%；②测量时间时，如果只是测量30个周期或20个周期，实验的相对误差小于

3%，如果只测5个周期左右，实验的相对误差一般在5%以上。

实验结果表明，在误差允许的范围内，两种方法得到的向心力大小相等。

可以看出，改进后的实验完全可以很好地验证向心力公式。

四、教学反思

科学探究包括获取知识、思考物理中的观念方法、感受科学家在探究实验中所运用的各种方法及探究活动需要注意的各种问题。

在此过程中科学探究的关键主要表现为能够在纷繁复杂的表象下发现问题的本质所在，在此基础上建构物理模型、设计多种实验方案、解决复杂问题。科学探究教学的价值是培养学生的科学思维，增强学生的科学探究意识，提高学生利用科学探究的方法获取知识、研究解决生活中遇到的问题的能力。经历探究过程，能改变单纯的讲授教学、学生被动接受的局面，培养学生主动获取知识的意识和能力。

谈初中物理热学计算题的解题技巧

昆明市盘龙区金辰中学　邓正刚

一、深刻理解基本概念，及时梳理概念内容

在初中物理热学计算中有"比热容""热值""热效率"三个重要的概念（见表1）。这三个概念之间相互关联，容易混淆，其中最难的一个概念就是"比热容"，它是一个相当抽象的概念，在我们现实生活中没有具体感受，理解起来非常困难。在理解概念的过程中切忌死记硬背，而要深入理解，随时对比梳理基本物理概念，方能达到深度理解的目的。

表1

概念	比热容	热值	热效率
定义	单位质量的某种物质升高或降低1℃所吸收的热量	单位质量的某种燃料，完全燃烧时所释放的热量	有效利用的能量占总能量的百分比
公式	$C = \dfrac{Q}{m \cdot \Delta t}$	$q = \dfrac{Q_{放}}{m}$	$\eta = \dfrac{Q_{吸}}{Q_{放}} \times 100\%$
单位	J/（kg·℃）	J/kg或J/m^3	无
物理意义	表示物质容纳热量的能力	表示物质燃烧释放热量的能力	表示能量的充分利用程度
具体含义	$C_{水}$=4.2×10^{3}J/（kg·℃）表示1kg水升温1℃时，吸热4.2×10^{3}J	$q_{汽油}$=4.6×10^{7}J/kg表示1kg汽油完全燃烧释放4.6×10^{7}J热量	有效利用的能量占总能量的百分比

二、仔细审题，抓住关键词、句背后的含义

（一）阅读理解

阅读理解是抓住问题的关键所在，在阅读审题之时要养成良好的阅读习惯：在题中给定条件旁边标注物理量，出现多个相同物理量时需加以下角标区分，具体做法如下。

例1：要把2kg的水从20℃加热80℃，需要吸收多少热量？〔$C_水$=4.2×10³J/（kg·℃）〕

分析："2kg"是指$m_水$=2kg，"20℃"是指$t_初$=20℃，"加热80℃"是指Δt=20℃；

例2：质量为100kg的钢锭，温度从1300℃降低到30℃，放出多少热量？

分析："100kg"是指$m_钢$=100kg，"1300℃"是指$t_初$=1300℃，"降低到30℃"是指$t_末$=30℃。

（二）找准真实意图

审题时，要深挖题中隐含条件，分析出题者的真实意图。有些问题在语言表达上确实有些隐藏条件，不便直观理解，这就需要学生平时积累解题经验，如下面这样的问题。

例3：把质量为300g的铅块加热到100℃，然后迅速投入温度为14℃、质量为120g的水里，达到热平衡后的温度为20℃，求铅块的比热容。

分析："达到热平衡"这样的语言属于热学知识板块的专业术语，需要具备一定的热学知识才能准确理解。其在此表达意思就是"铅块将从100℃初温下降，而水从初温14℃开始升高，最终两者温度相同，均为20℃，停止进行热传递"。

例4：质量为100g的铁块，放在炉子上加热相当长的时间后，投入质量为250g，温度为20℃水中，水的温度升高到60℃，求炉子的温度。〔$C_铁$=0.46×10³J/（kg·℃）〕

分析："放在炉子上加热相当长的时间后"这样的语言是有隐藏条件的。例如，去掉该语言中的"相当的长时间"并不影响问题完整性，但不能准确表达出题者的真实意图，他要表明的是"铁块放入水中时的初温等于炉子当时的温度"。这样的题目信息解读就需要具备一定的解题经验，学生平时要多积累。

例5：为了探究某物质在固态和液态时的吸热能力，小兰同学用酒精灯（火焰大小保持不变）均匀加热0.6kg该物质的固体，根据实验数据绘制出的图线如图1所示。通过查阅资料，已知该物质液态时的比热容为3×10^3J/（kg·℃）。

（1）该物质在CD段共吸收了多少热量？

（2）该物质在固态时的比热容为多大？

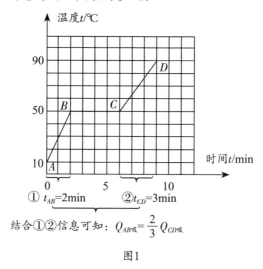

结合①②信息可知：$Q_{AB吸} = \frac{2}{3} Q_{CD吸}$

图1

分析："用酒精灯（火焰大小保持不变）均匀加热"这样的语言看似每个人都能读懂，但真正理解它要在解题的过程中，结合其他信息才能准确理解出题者的意图。出题者表达的真实意思是："均匀加热，每分钟被加热物质获得的热量是相等的，那么AB段吸收的热量就等于CD段吸收热量的2/3。"

（三）知识迁移

审题要深刻理解物理基本概念，类比迁移到生活中的相关情境，如下面这样一个问题。

例6：如图2所示，简易太阳能热水器受光面积为1.2m²，内装80kg水，太阳每分钟辐射到1m²面积上的热量是7.56×10^4J，如果60%的热量被水吸收，问：

（1）太阳能热水器内壁为什么涂成黑色？

（2）20℃的水晒3h后水温达到多少摄氏度（℃）？

（3）煤气的热值是4.2×10^7J/kg，若煤气灶的效率为40%，烧热〔达到（2）中水的末温〕这些水需燃烧多少千克煤气？

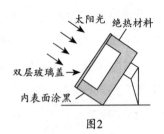

图2

分析：题中"太阳每分钟辐射到1m²面积上的热量是7.56×10⁴J"是考查学生对知识的迁移能力，它对应的初中物理热学知识点是比热容的解读。每千克水升温1℃时，吸热4.2×10³J为水的比热容，表示为$C_水$=4.2×10³J/（kg·℃）。与此类比可将该语言解读为Q_1=7.56×10⁴J/（min·m²），这样就不难得出此处太阳能的计算方法为$Q_{太阳}$=Q_1·s·t了，且与$Q_吸$=$C·m·\Delta t$相对应。

三、正确思考和规范表达

（一）巩固知识点，训练思维技巧和表达规范

平时练习的目的就是巩固对知识点的理解，训练思维技巧和表达规范。目前大量的题海战术和所谓的刷题技巧导致很多学生进入一个误区，误认为做题就是为了见多识广，多做多练下次碰到就会做，从而导致学生记题、背题的现象，将自己的大脑作为容器。事实是，当真正面对考题时，问题不可能完全一样，总会有不同情况出现，学生就做不到具体问题具体分析，无法生搬硬套。真正练习的目的最重要的是刺激大脑发育，因此正确思考和规范表达就显得尤为重要，为了解决这样的问题我做出了如下示范。

例7：2kg的干泥土温度从80℃降低至40℃，放出的热量可以使多少千克水的温度从10℃升高至42℃ $\left[C_土=0.84\times10^3J/（kg·℃）\right]$

具体分析解题如图3所示。

分析：

$m_水=\dfrac{Q_吸}{C_水·\Delta t_水}$

$\Delta t_水=t_{水末}-t_{水初}$

$Q_吸=Q_{土放}=C_土·m_土·\Delta t_土$

$\Delta t_土=t_{土初}-t_{土末}$

解：

$\Delta t_土=t_{土初}-t_{土末}=80-40=40℃$

$Q_吸=Q_{土放}=C_土·m_土·\Delta t_土$

$\quad\quad=0.84\times10^3\times2\times40=6.72\times10^4J$

$\Delta t_水=t_{水末}-t_{水初}=42-10=32℃$

$m_水=\dfrac{Q_吸}{C_水·\Delta t_水}=\dfrac{6.72\times10^4}{4.2\times10^3}=0.5kg$

图3

正确思考和规范表达还具有以下这些优势。

（1）逆向思维。容易抓住问题所在，时刻明白自己在做什么，需要什么条件（条件满足的地方暂时放下，不急于表达；条件不满足的地方再寻找策略），使自己的思维一直处在解决问题策划过程中，直到所有条件全部满足，再反向表达即为解答过程。

（2）分时段处理。将分析和解答问题的过程分两个时段完成。分析问题的过程中只考虑策略问题，不用担心数学计算和单位处理的问题。即使不会单位换算或计算错误，也不会对整个问题的解决造成太大影响，最多扣答案计算出错的分值，而不会导致整个题不会解。

（3）规范表达的过程。每一个步骤只解决一个问题，这样既显得简单，也方便在其他环节需要用到该物理量的时候调用。每一个步骤中只有三个环节（公式、代值、结果），均为中考阅卷时候的得分点，没有任何多余的步骤，避免因不慎被扣分。

（4）充分考虑大脑的使用技巧。我们人的大脑分为左右两个半脑，两个半脑的分工有所不同：左脑善于逻辑思维，右脑善于形象思维和图形图像的处理。两个半脑又相互协作，当我们把一个策略表达出来的时候，大脑暂时放弃原有记忆，通过眼睛接收到刚刚书写完的策略信息，右脑就接入新的问题，右脑在不知不觉中指挥左脑在记忆系统中寻找关联条件和物理规律，找到时就会指挥手或嘴书写或表达出来，指导我们思考已知和未知条件的过程。我们就是这样反复循环解决一个又一个问题的，进而使整个问题得到完美的解决。为此我们平时就需要加强这方面的训练，培养正确的思维方式和规范解答的习惯，切忌通过刷题的方式来记题甚至记答案。

（二）思维循环问题的处理

用以上思维方式处理解决问题的时候，大多数问题都能够在4步内解决，稍微困难一点儿的就是思维会出现一个循环。此时并非无解，而是已经解决了，只是在表达的过程中要稍做调整，将循环点上的物理量作为一个未知量，一直带着往回走到起点构成一个方程，下面就将举一个例题作为示范。

例8：现有70℃的热水50kg，10℃的冷水30kg，混合在一起（忽略热量的损失），求混合后温水的温度。

具体分析、解题如图4所示。

分析：

$t_{水末} = t_{热初} - \Delta t_{热}$

$\Delta t_{热} = \dfrac{Q_{放}}{C_{水} \cdot m_{热}}$

$Q_{放} = Q_{吸} = C_{水} \cdot m_{冷} \cdot \Delta t_{冷}$

$\Delta t_{冷} = t_{末} - t_{冷初}$

解：

$\Delta t_{冷} = t_{末} - t_{冷初} = t_{末} - 10$

$Q_{放} = Q_{吸} = C_{水} \cdot m_{冷} \cdot \Delta t_{冷} = C_{水} \times 30 \times (t_{末} - 10)$

$\Delta t_{热} = \dfrac{Q_{放}}{C_{水} \cdot m_{热}} = \dfrac{C_{水} \times 30 \times (t_{末} - 10)}{C_{水} \times 50}$

$t_{末} = t_{热初} - \Delta t_{热} = 70 - \dfrac{30 \times (t_{末} - 10)}{C_{水} \times 50}$

即$t_{末} = 70 - \dfrac{30 \times (t_{末} - 10)}{C_{水} \times 50}$

$t_{末} = 47.5℃$

图4

（三）物理概念的颠倒计算和多知识点的穿插计算

热学计算问题往往会插入体积单位换算、质量计算、功和功率的计算，解决问题的思维方式、基本方法不变，只是对应的物理量多了一些，环节和步骤变多了而已。下面举个例题作为示范。

例9：一辆小轿车以某一速度在平直路面上匀速行驶100km，消耗汽油10L。若这些汽油完全燃烧放出的热量有30%用来驱动汽车做有用功，已知所用汽油的热值为4.6×10^7J/kg，密度为0.7×10^3kg/m^3，求：

（1）这些汽油完全燃烧释放出的热量；

（2）这辆轿车以该速度匀速行驶时受到的阻力。

具体分析、解题如图5所示。

分析：

$Q_{放} = m_{油} \cdot q$

$m = \rho_{油} \cdot v$

$f - F_{引}$

$F_{引} = \dfrac{W_{有}}{s}$

$W_{有} = Q_{放} \cdot \eta$

解：

$m = \rho_{油} \cdot v = 0.7 \times 10 \times 10 \times 10^{-3} = 7\text{kg}$

$Q_{放} = m_{油} \cdot q = 7 \times 4.6 \times 10^7 = 3.22 \times 10^8\text{J}$

$W_{有} = Q_{放} \cdot \eta = 3.22 \times 10^8 \times 30\% = 9.66 \times 10^7\text{J}$

$F_{引} = \dfrac{W_{有}}{s} = \dfrac{9.66 \times 10^7}{1 \times 10^5} = 9.66 \times 10^2 = 966\text{N}$

∵汽车水平匀速运动，

∴$f = F_{引} = 966\text{N}$.

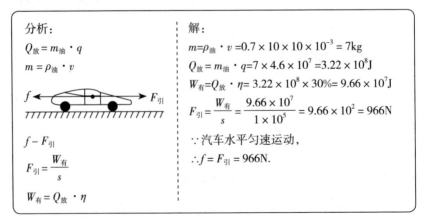

图5

　　以上就是解决初中物理计算问题的一个思维方法在热学计算问题中的具体应用，学生需要一定时间的反复练习，并在不同类型计算问题中进行实践证明和体验。

　　总之，热学计算题难度不会很大，但问题在于它会穿插在其他知识点中考查，需要学生具备较强的综合分析能力，但只要深刻理解基本物理概念、掌握基本规律，规范表达，不论什么样的热学计算题都有破解之策，考试中轻松拿分是必然之事。

"一帮一结对"：初中物理学困生转化模式

安宁市太平学校　冯周永

物理为初中教学的重点、难点，学生需凭借缜密的逻辑思维及抽象思维去学习与理解，但受到不良因素影响，学生易出现学习困难现象。基于此，本文首先简单分析了初中物理学困生的成因，然后结合"一帮一结对"方法，提出初中物理学困生转化策略，旨在提升学困生学习效果，为学困生物理学习提供方向。

学生面对抽象的物理知识易产生畏难情绪，给物理学科教学工作带来一定阻碍，且不利于学生物理知识的学习。而在物理学习过程中，学生易因各类因素干扰而丧失物理学习兴趣，产生厌学情绪，继而成为物理学困生。为帮助学困生找准学习方向，重拾物理学习信心，可采用"一帮一结对"的方式，促进学困生转化。

一、初中物理学困生成因分析

物理学科涉及运动规律与物质基本结构，为自然科学的重要组成部分，理解难度较高，在日常教学过程中，为全面提升学生物理水平，应强化学困生转化。初中物理学困生的产生原因主要有以下几点：①自身因素。学生学习方法不当，需耗费大量时间用于攻克物理难题，且成绩提升不理想，产生畏难、逃避心理，缺乏学习动力。结合物理课程来看，所学知识内容为自然现象原理解析，如光学、力学、运动学等，与学生日常所接触到的自然现象差别较大，抽象联想思维较弱的学生存在一定的理解难度，继而转化为物理学困生。②教师方面。教师教学方式不当易导致学生产生学习障碍，如新旧知识点衔接不当，学生尚未构建完整的知识结构，继而增加了物理学习的难度。例如，沪科版初中物理八年级学习内容为《力与运动》，是《运动的世界》《熟悉而陌生的力》章节知识点的后续衔接，但知识内容分别为上下两学期，因间隔假期，若教学衔接不当，学生基础知识掌握不牢，则可能无法紧跟《力与运动》的教学进度。③家庭及社会因素。在信息化背景下，学生易被网络诱惑而形成不良的学习习惯。此外，若家庭给学生较大压力或放任自流，则会导致学生丧失学习物理的兴趣。

二、基于"一帮一结对"的初中物理学困生转化策略

（一）强化课程讨论引导

为实现初中物理学困生转化，教师可借助"一帮一结对"的方式，以学生物理水平、性格特征为依据设置结对帮扶小组。为深化"一帮一结对"帮扶小组沟通交流，在小组设置初期，教师应于物理课堂中设置引导性讨论问题，使"一帮一结对"帮扶小组围绕物理问题进行讨论，使学困生在互动交流中进一步理解物理知识。以沪科版初中物理九年级《了解电路》的章节为例，在该课教学中，教师可设置问题链，引导"一帮一结对"小组进行讨论。在《了解电路》中，学生学习了电路基本知识，在学习串联、并联知识前，教师可提出"日常电器是如何连接在一起的？电视与灯之间、灯与灯之间的连接方式相同吗？"的问题，引导学生进入学习状态。当学生根据上述问题考虑到串联与并联知识点后，教师提出"'220V25W、220V100W'的电灯并联接入220V家庭电路系统中，此时两端电压、电流多大？两盏灯的亮度是否存在差异？为什么出现这种现象？若将两盏灯串联，会出现什么现象？"等问题，留出足够的时间让"一帮一结对"帮扶小组进行讨论，通过双方讨论交流，提升学困生知识理解效果，促进学困生转化。

（二）丰富结对答疑途径

为避免"一帮一结对"帮扶小组流于形式，教师应结合实际教学情况，丰富结对答疑途径，引导"一帮一结对"帮扶小组互帮互助。考虑到学困生在物理学习期间尚未建立自身知识体系，在"一帮一结对"期间，教师可引导学生采用思维导图法，由结对双方共同完成物理知识点思维导图。以沪科版初中物理八年级上册教学内容为例，在完成《多彩的光》章节学习后，教师引导"一

帮一结对"帮扶小组结合章节知识点绘制思维导图,要求结对双方互帮互助,共同总结章节知识点,进行归纳整合,厘清章节知识脉络。当结对双方针对思维导图结构达成一致后,则可进一步绘制《多彩的光》思维导图,如《多彩的光》中《光的反射》一节,引出含义、定律、类型、平面镜成像等知识分支,帮助学困生梳理知识结构。除此之外,在日常物理教学中,教师还可以结对小组为单位,组织结对提升竞赛、知识竞赛等,以调动结对双方的积极性。

(三)课后作业互查帮扶

课后作业可帮助学生深入理解物理知识,达到巩固的效果。学困生课后作业存在应付现象,为杜绝该问题,教师可借助结对小组的方式互相监督,并要求结对双方完成作业后,由物理水平相对较高的学生为学困生检查作业,初步查缺补漏,了解学困生的知识薄弱点;为避免出现抄作业的现象,教师可以要求结对小组保留课后作业互查痕迹,并记录互查解读过程,以此保障"一帮一结对"帮扶小组的有效性。课后作业互查的核心在于以结对的方式引导学生相互进步,及时发现课后作业暴露出的知识问题,若作业问题难度较高,结对小组无法自主解决,则需记录,并于物理课程讲解时提出,以此极大地提高物理课程效率,并同时提升学困生及非学困生的物理水平。

综上所述,学生面临难度较高的物理学科易出现学习困难现象,为促进物理学困生转化,可借助"一帮一结对",使学生互帮互助。教师在日常教学过程中可设计引导性问题,使结对帮扶小组深入沟通,丰富结对答疑途径,鼓励互动答疑,引导结对帮扶小组进行课后作业互查,有针对性地进行学习。

做小实验，得真道理

昆明市嵩阳一中　李雪峰

每一位物理教师都知道：我们在教授知识的时候，绝大多数的知识是自己做了才有胆量地去说的。这个"做"很大的比重指的是实验。那么，老师们，你在课前做实验了吗？你有胆量去和学生们说吗？

时代在进步，教学也在进步，我们在教学中所用的实验更是在进步，在变化。那我还要强调：做了再说的教学思路却是永远不变的。

往大的方面说，有实践才有发言权。古往今来，多少例子："纸上谈兵"没谈好，填进多少士兵的生命；"闭门造车"没造成，废了一堆的材料。毛泽东是实干家，从生活出发，做人民需要的实事，成功建立新中国；邓小平是实干家，做社会变革需要的实事，这才有了我们改革开放的新面貌。往小处讲，先做实验，然后才有课堂上的胆量。这个实验应该不仅是教师做，也应创造条件让学生做。比如平面镜成像实验：①实验需要偏暗还是偏亮的环境？②玻璃厚点好还是薄点好？③玻璃是茶色还是透明？④光屏上的成像在玻璃的哪一侧？⑤为什么玻璃上会有两个像？每一个问题，每一个思考，教师不做实验，怎么把细节讲透？学生不做实验，每次提问都一脸懵，接下来的教学都会无法进行。很多物理知识，如果没有全面而细致的实验做铺垫，教师的讲授一定是苍白且没有说服力的。学生的接受一定是肤浅且印象不深的。这种教学方式正在被淘汰也必然被淘汰。又如欧姆定律实验：①连接实物图，并且滑片向哪边移电流变强？②为了控制电压不变，滑片应该向哪边移动？每一个问题对于不做实验就进行理论讲解的教师都是一种灵魂的拷问。

实验必须做，有实验才有真道理，才有细道理。实验还要提前做（不管多小），这是对一线教师的必然要求。说一个我自己遇到的案例：有一堂课内容是改变内能的途径，需要用到空气压缩点火仪。想着这个小实验多次做过，我上课直接就上手演示了。结果，手都拍红了，就是点不着。耽搁了时间，教学任务没完成，自己很惭愧。课后检查发现，密封圈老化，有些漏气，压强不够。这种教学事故，遇到一次，记一辈子，你还敢不做实验就进课堂吗？

现在的物理考试越来越侧重于实验操作，侧重于实验细节的掌握。不经历实验过程，学生的物理考试过不了关，出不了成绩，教师无法向家长交代、向学校交代。非但如此，物理教师的实验不但要做好，还要做精、做巧、做大众、做简单、做美观。比如静电实验，你在完成两根带电玻璃棒的排斥实验时，还应做一做静电飞花，或者是静电章鱼实验。你会发现，做小实验有大道理，有大美观。再如电动机实验，在你让模型电动机通电转动后，也可以准备一节五号干电池，一段铁丝，一块圆磁体，然后手动制造一个电动机。若这个过程学生全程参与，那么，电动机的转动原理学生也就通透了。你会发现，小实验有着朴实的道理。

做小实验，从行动出发，做一个实干家，脚踏实地，路总会平稳一些，悟得大道理，教学会更流畅。此外，你还能在实验中体验到创新，收获成就。不要犹豫，动手做小实验，得到的是大道理。每一位物理教师，加油！向实验进发！

初中物理实验课有效教学的探讨

昆明市第十二中学 马艳

物理是一门以实验为基础的学科，在教学中可以通过实验来提高它的趣味性，以激发学生的学习兴趣。然而实验课在教学上比其他类型的课难度要大一些，这些难度主要在于：①课程所含的知识量大，而且实验中用到的每一个知识学生必须理解了，才能动手操作。②在实验过程中，可能出现各种状况，这就要求教师有很好的耐心和很强的应对能力来处理这些问题。例如，电学实验中出现了电路故障，这就要求教师很快找出问题所在，从而提示学生去发现问题并帮助学生解决这些问题。③实验得出的数据各不相同，这就要求教师带领学生从不同的数据中找出实验操作中的错误和不规范的地方，排除错误的数据并找到处理数据的方法。本文结合我的教学实践，并基于以上难点，探讨如何有效上好一节初中物理实验课。

一、认真备课，精心准备好实验器材

教师课前要认真研读教材，写好教案，并且提前反复做实验，熟悉仪器的性能，知道实验过程中每一步的关键所在，考虑实验产生的效果以及不利因素等，做到心中有数。例如，阴雨天就不适合做静电的实验。学生的实验课，课前应该检查每一套实验仪器是否正常，如果有坏了的仪器，应立即更换，并且提前准备好上课时需要的备用仪器。实验除了课本中的演示实验，还可以增加一些趣味性的小实验，如覆杯实验、吞鸡蛋的瓶子等。在备课时，教学应该提前实验并注意记录这些实验所需要的时间，注意与教学进度的衔接。

二、充分发挥教师的主导作用，给学生充足的时间进行思考

在传统的教学模式中，教师把大量的知识以讲授的方式教给学生，造成课堂上学生被动学习，不会学习，教学效率低下。要提高课堂效率关键是要在教师的引导下发挥学生的主体作用，激发学生的学习兴趣，让学生在学习中充满自信，不盲从，最大限度地发挥他们的学习能力。在设计过程中，教师应注意所设计的问题紧扣课堂教学的主题，不能为了追求趣味性而游离于课堂教学之外；所设计的问题要有适当的梯度和难度，既能引发学生的认知冲突，又具有科学探究的价值。这样必定会激发不同层次学生的学习兴趣，促使学生产生学习动力。例如，在进行"伏安法"测电阻的实验中，尽管实验原理很简单，但让学生设计实验电路图时，应该留足够的时间给学生思考，让他们把能想到的电路图都画出来，先让不同层次的学生都能够参与进来，再进行小组互评，最后对设计的电路图进行改进，从而达到教学目的。

三、巧设问，环环相扣让学生跟紧自己的步伐

课堂当中教师应该摒弃"是"或"不是"、"对"或"不对"等类似的无效提问，而应该多问几个"为什么""怎么做"等有启发性的问题。必要时可以设计一些小冲突，来提高学生学习的积极性。例如，在"伏安法"测电阻的实验中，教师发现投影学生设计的实验电路图有不同的地方，提问：哪种电路图更合理呢？再追问：为什么？然后学生分小组进行讨论，教师点拨。通过提出一系列具有层次性的问题引导学生探究，让学生在探究活动中逐步建构完整的实验电路，经历实验的演变过程，同时，让学生领悟到实验的建构往往是一个不断修正、不断完善的过程。

四、实验操作要规范，实验用语要准确

教师在使用仪器，连接电路，做演示时，动作要准确、规范。教师的规范操作不仅是实验成功的前提，对学生良好实验操作习惯的养成还会起到潜移默化的作用，如天平使用时要用镊子取砝码等。教师在介绍实验仪器的使用方法，阐述实验过程，总结实验结论时，所用语言必须准确，不能与生活用语混淆，如重量与质量、重力的混淆等。

五、合理运用多媒体，提高课堂教学的实效性

多媒体技术可以扩大信息容量，将图、文、声、像融为一体，使教与学的活动变得丰富多彩。因此，在物理的实验教学中，遇到一些不能完成，或者实验效果甚微的实验，教师可以借助多媒体来完成，以提高学生学习的积极性。例如，托里拆利实验、连通器的运用、牛顿第一定律等都可以适当地借助多媒体。尽管多媒体课件可以代替板书，代替教师实验，但是这种方式也阻碍了师生间的互动，课件中大量信息堆积，容易导致学生在课堂上走马观花。多媒体课件只是一种教学的辅助手段，再精美的课件都不能完全取代板书，更不能取代呈现在学生面前的实验操作过程以及产生的实验现象。因此，能够在学生面前完成的实验，一定不能用多媒体来代替。在使用课件的同时不能忘记传统教学。

六、努力培养学生团结合作、主动探究的意识

教师在实验教学过程中可以有意识地去设置一些让学生去思考、探究的问题，让学生带着问题去思考、分析，动手实践，这样能够激发学生的探究兴趣，慢慢地让探究成为学生学习的自觉行为。例如，在探究平面镜成像的实验中，教师可以先让学生用平面镜来完成实验，当无法继续时大家再来想办法（想想为什么进行不下去，是仪器选择不恰当还是步骤有错）：把玻璃板换成平面镜，能否探究出平面镜成像的规律？为什么？再如，探究滑动摩擦力与哪些因素有关时，教师提出"接触面积的大小是否会影响滑动摩擦力的大小？"把学生在实验中遇到的问题再抛回去让他们自己解决，慢慢地培养学生主动探究的意识。通过主动探究学习后，大多数学生有了尝试后的成就感，从而使自己的学习信心明显增强，也使教师实现了"教就是为了不教"，从而也就使学生学会实验、学会探究、学会学习，达到了提高学生动手能力及实验素养的效果。

七、教会学生对实验数据进行分析，对实验过程进行评估

学生通过自己已经掌握的知识，能够排除实验完成后所记录的数据中的错误数据，会从数据中分析出实验操作中哪些步骤是错的。例如探究串联电路中

各部分电压的关系，其中一个小灯泡两端的电压大于3V，那么这组数据就应该排除，因为学生实验所用的两节干电池提供的总电压才3V，此时教师应该点拨——是操作错误还是读数错误，让学生自己去寻找原因。这样得出的结果才能让学生对这个实验理解得更深刻。

　　一堂物理实验课的教学应在复习旧知识中引出新知识，提出身边的物理新问题，激发学生的学习兴趣，使学生产生学习的欲望。今后，让我们共同努力，用实际行动投入到有效的物理教学中去。

初中物理学习情境的创设策略

昆明市第八中学　李俊伟

所有能使孩子得到美的享受、美的快乐和美的满足的东西，都具有一种奇特的教育力量。

——苏霍姆林斯基

一、学习情境概述

学习情境是学生参与学习具体现实的环境，是指教学过程中，依据教育学和心理学的基本原理，根据学生年龄和认知特点的不同，通过建立师生间、认知客体与认知主体的情感氛围，创设适宜的学习环境，使教学在积极的情感和优化的环境中开展，让学习者的情感参与认知活动，以期激活学习者的情境思维，从而使学习者在情境思维中获得知识、培养能力、发展智力的过程。一种优化的、充满情感和理智的学习情境是激励学生主动参与学习的根本保证。因此，在课堂教学中教师必须为学生的学习提供支持性学习情境。

二、问题的提出

初中生所处的青年初期是一个逐步趋于成熟的时期，是其独立走向社会生活的准备时期。由于身体急剧变化，很多初中生感到已长大成人，希望自己支配自己，并用批判的眼光看待周围事物，不少情况下开始对师长表现出不服，要求成人尊重他们的意志和人格。因而这个时期用传统的说教式教学，教师就会感到学生越来越难管理，越来越抓不住学生的心。这一时期随着知识面和社会接触面的扩大，以及需要的不断丰富，初中生的兴趣广度大为增加，对探求事物的认识倾向表现出更大的坚持力，如果教师能创设良好的教学情境，学生对物理学习就会有较为长久稳定的兴趣。

三、物理学习情境的创设策略

新课程要求教师必须有课程资源的意识，把可利用的校内、校外、自然、社会的课程资源以及信息化的课程资源都开发利用起来，以其具体形象、生动活泼和学生能够亲自参与等特点，为学生创设出良好的学习情境，给学生多方面的信息刺激，调动学生多种感官参与活动，激发学生兴趣，使学生身临其境，在愉悦中增长知识、培养能力，使学生成为课程的主体和学习的主人。以下是在创设物理学习情境时所用的一些策略。

（一）联系社会，创设物理学习情境

物理是一门与社会紧密联系的自然科学，在物理教学中，应用社会热点新闻，创设良好的学习情境，能激发学生的好奇心，形成良好的情境迁移。

（二）联系生活，创设物理学习情境

物理也是一门与生活紧密联系的自然科学，从建构主义学习理论的观点来看，学习总是与一定的情境相联系的。在生活中那些生动、直观的现象能有效地激发学生联想，唤起学生原有认知结构中的有关的知识、经验及表象，从而使学生利用有关知识与经验去同化或顺应学习到的新知识。创设了联系生活的学习情境，学生会在愉快的情境中不知不觉地吸收知识，一切尽在乐中学。

（三）通过实验，创设物理学习情境

初中生学习物理时在观察物理实验前往往会根据自己现有的知识经验产生对实验结果的猜测，实验引发了问题，使学生不断感知物理的神奇。各种各样的实验现象也不断刺激学生提出问题。在实验中教师应尽量做到只是探究实验的引导者和参与者，把对于问题的分析、讨论和得出结论都交给学生。这样既增强了学生的积极性，也提高了学生的思考能力、交流能力。

（四）利用物理学史，创设物理学习情境

物理学的历史是一部物理方法和物理智慧的历史，物理史上那些著名的实验和发现事例是情境教学的优质素材。在物理学史上，有众多和物理相关的故事，对中学生更是有着极大的吸引力。在课堂教学中，教师可以根据一些物理

学史来创建教学情境，根据授课内容恰当地补充一些名人逸事、历史故事，让学生去追踪科学家的思维轨迹，去体验发现发明的乐趣。

四、结语

"情境之于知识，犹如汤之于盐。盐需溶入汤中，才能被吸收；知识需要融入情境之中，才能显示出活力和美感。"联系社会、联系生活，通过实验，利用物理学史等都可创建物理学习情境。除此之外，物理教学情境的创建还有很多方法。总之，物理教学情境的设立必须以启发学生的学习兴趣，提高学生的综合素养为宗旨，使学生乐于学习，善于思考，爱上物理。

多媒体在初中物理教学中应用的利与弊

安宁市第一中学　史锐祥

物理是一门以观察和实验为基础的自然学科，将信息技术融入物理课程，从教学规律和目标出发，适时恰当地运用多媒体辅助教学，能使抽象教学内容具体化、清晰化，使学生的思维活跃，并使以教师教为主变成以学生学为主，从而达到优化教学过程、提升教学效果的目的。

一、多媒体教学在初中物理教学中的优势

（一）利用多媒体教学，可以激发学生的学习兴趣

多媒体集文字、图形、图像、声音、动画、影视等各种信息于一体，应用于物理课堂教学中，它可以激发学生的学习兴趣，加深学习记忆。利用多媒体进行教学，用动画模拟物理现象和物理过程，把物体的运动状态和变化过程直观地呈现在学生眼前，增加了真实感，使知识具体化、形象化，使学生对物理知识的感知和理解更为容易，增强了学生的投入意识。例如，在讲到"电磁继电器"这个内容时，采用多媒体动画模拟电磁继电器工作的过程，便能让学生一目了然。再如，有些物理现象和科技成果只能在特定的环境下才能观察到，教师可以把这些超越时空的物理现象和科技成果做成课件，在教学中再现，如日全食、海市蜃楼、火箭发射、超导磁悬浮列车等。以日全食为例，利用动画让学生看到了奇迹的发生，学生感觉这种现象充满神秘感，就会带着兴趣情不自禁地开始探讨，寻求答案。

（二）利用多媒体教学，可以突出重点、突破难点

利用多媒体辅助教学可使物理抽象的概念具体化、形象化，弥补了传统教

学方式在直观感、立体感和动态感等方面的不足，从而加深学生的印象。这为解决教学重点、突破教学难点、提高课堂效率和教学效果提供了一种手段。

例如，在教学电压、电流时，学生对于电流和电压看不见、摸不着，理解起来比较困难。于是我运用了Flash动画，把电荷的定向移动形成电流的过程，运用类比法将电流和水流、电压和水压进行类比，使学生对这一知识点的理解变得容易起来。多媒体为直接感知、观察这些事物或现象创造了条件，并把间接的知识、抽象的规律和概念形象化，突出了事物的重点和本质属性，便于学生理解。再如视力矫正的Flash动画，教师结合模拟实验进行分析：远视眼是由于晶状体变得扁平，对光线的会聚作用变弱了，像成在了视网膜的后面，需要佩戴对光线有会聚作用的凸透镜来矫正视力。近视眼是由于晶状体变得更凸，对光线的会聚作用变强了，像成在了视网膜的前面，需要佩戴对光线有发散作用的凹透镜来矫正视力。这样既丰富了学生对物理知识的感性认识，又可以反复重现，进一步加深学生对规律的理解，突破教学难点。

（三）利用多媒体教学，可以扩充实验

物理实验在物理中的重要地位与作用是众所周知的，但它在教学中却存在许多问题，如由于实验器材和教师实验水平有一定的局限性，有一些实验（如钟罩实验等）难于成功；有一些实验肉眼根本看不见（如分子运动）；还有一些实验具有危险性而不能去做（如短路实验）。而利用多媒体手段能解决这些问题，满足学生对实验的渴求。

如人体触电，利用多媒体可让学生清楚地看到人体触电时电流是怎样通过人体的，同时配上触电人的尖叫声，向学生提供逼真的现象及过程，让学生有身临其境的感觉。

（四）利用多媒体教学，可以加大课堂的信息量

采用多媒体技术加大了课堂的容量。例如，在学习阿基米德原理和欧姆定律时，需要补充许多课堂练习，板书内容很多，多媒体作为显示工具，就可避免在课堂内书写大量的板书和重复画图，从而节省大量的时间来增加课堂容量。尤其是在复习课上合理地应用多媒体技术，会使课堂效果更加优化。在复习课上，利用屏幕来展示静态的例题，利用动画来重现实验时的情景，给学生较多时间复习巩固，这样一来，既优化了课堂教学，又增加了课堂信息。

二、利用多媒体辅助物理教学时的几个误区

多媒体在物理教学中的优势显而易见，它是辅助教学，为教学服务的，在教学中应特别注意避免以下几个误区。

（一）电脑代替人脑

多媒体辅助教学，课堂容量大、节奏快，学生要把课堂上的知识消化和吸收是要遵循学习规律的。因此，在教学过程中不能用电脑代替人脑，课前准备时，一定要遵循适量的原则。多媒体教学必须充分体现教师在教学中的主导作用和学生在学习中的主体地位。

（二）多媒体模拟实验替代物理实验

教师绝不能一味地用视频、动画等多媒体技术代替真实的实验。物理学是一门建立在实验基础之上的学科，课堂教学中有条件、有必要做的物理实验，要让学生动手操作、观察，让学生获取第一手资料，以养成科学探究的习惯。

（三）过分强调多媒体教学技术的功能，忽视传统教学技术的作用

多媒体是一种辅助教学的手段，不能片面夸大计算机的作用而过分使用。多媒体技术辅助教学，应以提高教学质量为宗旨，应和教师的教学有机结合，汲取传统教学的精华，根据实际需要选择和有效应用多媒体，以获得更好的教学效果。

（四）课堂教学无须组织

多媒体技术只是一种教学的辅助工具，教师在对学生进行展示时，一定要考虑到它的工具性，而不能让它成为教学的主体。

信息技术在初中物理教学中的应用已经发挥出了极大的优势，其产生的教学效果是传统教学手段所不能及的。同时，在教学中我们要深入研究和实践，充分而又恰当地设计和利用信息技术，将信息技术与传统教学模式有机地融合在一起，以激发学生对物理学科的学习兴趣，提高物理课堂教学的效率和效果。

"双减"背景下如何转化物理学困生

安宁市昆钢实验学校　王俪运

很多物理教师，特别是乡镇薄弱学校的物理教师都深有体会：在教学中还有大量学困生存在，他们缺乏自信，缺乏独立思考的能力，学习被动，学习习惯较差。那么，我们如何对这部分学困生进行转化呢？

一、展现物理课的魅力，抓住学困生的心

（一）学以致用

物理知识既来源于人类生活实践，又应用于生活与生产中。教师要让学困生真切地体会到物理和生活是紧密相关的，以此激发学困生的学习兴趣，吸引他们专注学习。

例如，在讲解密度应用时，我对学困生甲提出两个问题：①在农贸市场黑心商户用杆秤称量苹果时，我们怎样避免被坑？如何检查秤砣、秤盘？②怎样判断小金佛的真假？这名学困生的兴趣浓厚，听课情绪很高，求知欲望被大大激发了。

教师还可借助热映电影中的物理知识，进行物理学以致用的渗透。有些电影使学生懂得学好物理知识是人们改造自然、提高生活水平的重要手段；电影中的压强知识、浮力知识等都让学生特别是学困生兴趣盎然。例如，电学第一课，有个学困生第一次露出专注的眼神，很认真地听了半节物理课。下课时，我抓住时机与他谈心，交代课堂常规。在之后对他的转化工作中，我采取课堂关注和课后面批面改的手段。慢慢地，这名学困生的成绩也有了进步。

学以致用的例子还有很多。例如，在电学章节，我问学生：若身体所带静

电太多，该如何消除？生活中如何防止触电？讲解电磁波辐射时，我科普了相关知识——手机充电、刚好接通、手机电量微弱时电磁辐射相当大，此教学情境，就连平时不专注听课的学生都听得非常专心。

事实上，初中生好动，有强烈的好奇心理，教师要善于观察，抓住时机加以点拨。例如，2018年4月9日中午，天空出现日晕，两名学困生兴致勃勃地拍照并问了我相关问题。在下午的课上，我及时科普了光学知识，并表扬两名学困生爱观察、爱思考的好习惯，从那以后，这两名学困生爱上了物理课。

（二）发挥物理学科优势，玩转实验

特级教师魏书生倡导九条上课要素，其中一条是"所有学生都有学习的欲望"。我认为，物理教师应倡导生活物理、实验物理，践行实验课堂、趣味课堂，践行初中物理学生自主创新实验。每次课堂开始前3分钟，我都安排学生进行实验展示，学生的参与热情很高。有的用水、玻璃杯做有关大气压的实验，有的用塑料瓶、乒乓球、水等演示浮力实验，有的用蜡烛、盘子做蜡烛吸水实验，有的用A4纸做小孔成像实验，等等。在进行大气压强教学时，我请班上两名学困生上台实验：讲两本物理课书本空插，两名学生怎么也拉不开。我又让学生回家操作用两个衣架提550mL矿泉水瓶的实验。第二天一问，所有学生都做了。通过动手做实验，学生对学习物理有了兴趣。在演示串、并联电路时，我发现学生都很感兴趣，纷纷伸长了脖子在观察。我演示完后，让一名学困生上台自己去连接电路，他很有兴趣，以后物理课上基本不睡觉了。在做电学学生实验时，这名调皮的学困生还指导其他学生做实验。班上有名学生基础很差，但好动。上实验课，我总让他上台当我的助手，他也乐此不疲。我的物理课代表基本开始都是学困生，因为课代表让他们有了更多的责任，增加了他们与老师交流的机会，也增加了我单独辅导他们的机会。总之，只要找到切入点，解决问题就容易多了。

二、开展分层次教学，提供成功的机会

（一）实施赏识教育，把更多机会留给学困生

教师要尽可能地创造条件，给每一名学生提供成功的机会。例如，课堂提问时，依据学生学习的情况和层次，让学生回答的问题由易到难，使学生能够"跳一跳摘到桃子"。有名学生智力水平较低，但学习态度好，我在上某节公

开课时提前告诉他练习的题目，公开课上他主动举手，并答对了问题。虽然问题较简单，但全班给了他长时间的掌声，因为这是他第一次举手且答对问题。从那以后，这名学生经常下课找我问问题。

（二）分层次设计课后作业

为有效落实国家"双减"政策，教师要提高自主设计作业的能力，分层次设计、布置作业。作业作为课后教学的一个辅助，是对学生学习的一次巩固，也是对教师教学的一次检验。"双减"政策对学校教师专业发展提出了更高的要求，而作业设计与实施能力尤为重要。我们一线教师应该努力思考，转变思路，寻求更好、更优的策略和方法，充分关注不同类型作业要求的差异，把握不同题型、不同阶段、不同功能、不同对象的要求差异，体现作业设计的突破创新，彰显育人价值。同时，教师要加强面批讲解，做好答疑辅导。对每次作业、测验及学生在阶段学习中的问题，教师要及时反馈，对学生进行个别指导，有针对性地解决学生的问题。

（三）分层次设置考试题目

A、B组设置基础题和拔高题等能力检测题，A、B组可提前交卷面批；C、D组主要是基础题，或者D组考试为上套检测卷。这样可激发学困生的学习积极性，虽然他们成绩不太好，但与自己过去相比，也有了进步。

三、以学生为主体，开展小组合作学习

在物理教学实践中，有的教师一直怕教学内容讲漏了，自己牢牢占据课堂的40分钟时间，但最终课堂效率并不高。究其原因有三：一是学生的层次不同，理解能力不同；二是只讲不练，学生当堂教学问题暴露不出来；三是学生一直被动接受新知识，缺乏教师的点拨、引导，师生思维难有碰撞，学生的思维、能力训练就显得很苍白。

特级教师魏书生九条上课要素之一：教师讲课时间别超过20分钟。我认为，通过课堂提问、课堂练习、当堂10分钟检测等方式，可及时解决每天教学问题，也可让学困生不要把每节课的小问题堆积成大问题。

当班级学困生较多，教师无暇顾及每名学困生时，可借助小组合作学习模式。在课堂中，将小组合作学习融入班级教学，独学、群学、一帮一互帮互助。在合作学习评价中引入"嘉奖分"机制，分组测验，测验的难度有梯度，

但分值完全相同。例如，我评价小组以平均分形式评比，中等问题由C层次学生回答、基础问题由E层次学生回答。

四、开展创新实验

"双减"政策提出，"引导学生自愿参加课后服务""对学习有困难的学生进行辅导和答疑，为学有余力的学生拓展学习空间"。学困生在物理学习上的主要问题是：基础概念不清、基本技能差，思维分析能力、综和运算能力很弱，表达、动手能力欠缺，等等。"双减"政策实施后，我在八年级承担物理社团工作，开始感觉困难很大，如学校器材不匹配、学生不熟悉不便于管理、刚开学学生知识面窄等，但第一节课下来，学生求知、探索的激情感染了我，我开始自己购买实验器材，创新研究一些有趣的小实验。回望过去的一个学期，我和学生沉醉在泡泡龙、照相机制作、潜望镜制作、涨大的气球、纸杯烧水、潜水艇模型等小实验中，度过了无数个难忘的社团一小时。我和学生彼此成就、彼此欣赏，很多学困生也在创新实验中找到了学习物理的乐趣。实践证明，实施创新实验是"双减"背景下初中物理教育的好抓手，是培养学生物理思维的好途径。

所有的减负都是为了引导学生学会学习，不放弃每一名学生，让学生全面发展、健康成长，让教育回归本真、构建良好的教育生态。作为一线物理教师，我们要坚持立德树人，为在"双减"背景下更好地培养学生的物理思维和能力探索路径和方法。

下 篇

教学案例

《流体压强与流速的关系》案例及分析

——小组交流合作在课堂教学中的实践

安宁市太平学校　范志娟

【教学目标】

1. 了解流体、升力。

2. 亲历实验探究得出流体压强和流速的关系，解决实际问题。

3. 培养思考、动手、观察、分析解决问题的能力及创新思维，激发兴趣，热爱科学，培养探索精神。

【教学重难点】

实验探究、解决实际问题。

【课前准备】

水槽、乒乓球、漏斗、小纸船、纸张、矿泉水瓶。

【学法指导】

实验探究与生活实际应用相结合，学生在课堂上认真进行探究活动，激发课外实践兴趣。

【教学过程】

（一）导入

（1）学生倾听故事。

故事一：古代一妇女曾因自己的卧室"闹鬼"而被吓死。其实是过堂风捣乱。

故事二：苏联曾发生过一起奇怪的车难，欢迎访问团的40多人"扑"上火车，当场死亡。凶手是谁？学今天的内容即可揭晓。

（2）演示：漏斗吹乒乓球。学生先猜，再演示，结果哗然：乒乓球没有掉落。激发兴趣。

（二）活动探究

活动一：了解流体并探究

学生看教材了解什么是流体，说一说，并进行科学探究。

活动二：提问、猜想与假设

提问：关于流体你想知道些什么？

学生各抒己见，小组交流后，收集、整理、总结，派代表说。教师将反馈信息整理在黑板上。

活动三：设计实验并实施

师（实验及问题呈现）：如何做这个实验？

学生分成三大组进行交流合作，讨论实验方法及步骤（分气体、液体）；教师巡回指导。

小组长带领组员就问题要求进行交流讨论。

教师引导学生对讨论结果进行反馈，派代表说，并进行生生互评、师生互评、补充，最后由教师呈现最好的方案。

实验一：用矿泉水瓶向平行静置于水槽内的两船中间冲水，两船如何运动？为什么？小组交流讨论。

实验二：向两张自然下垂的纸中间均匀吹气，看到什么现象？为什么？小组交流讨论。

实验三：用细管向蜡烛火焰的旁边均匀持久地吹气，火焰将向哪一边倾斜？为什么？小组交流讨论。

活动四：交流与合作

教师呈现以上问题及要求。

学生分三大组同时进行实验，先完成的小组有加分，完成问题思考交流后，可以进行其他组的实验。

教师让学生代表说说观察到的实验现象及总结的结论，提问：实验成功的关键是什么？

学生发表自己的看法。

生生互评，教师总结三个实验的结论。

最后推广，师生归纳总结：流体在流速较大的地方压强较小，在流速较小的地方压强较大。

活动五：解释现象

学生解释现象及应用。组与组互说，挑出最好的一组汇报。

（1）"情境导入"中的两个实例。

（2）"漏斗吹乒乓球不掉"的原理。

（3）为什么在河中并排行驶的两条船不能靠得太近？

（4）教室窗子开着，窗外刮大风时，窗帘会往哪里飘？为什么？

（5）踢足球时，"香蕉球"是怎么回事？

（6）喷雾器的原理是什么？

活动六：飞机升力的产生

师：百吨重的飞机何以腾空？

学生进行以下问题的交流讨论活动。

（1）嘴对着平放的纸上方，用力水平吹气，观察现象，解释原因。

（2）根据机翼的形状特点，交流分析得出升力产生的原理。

（3）解释赛车尾翼的作用、原理。

（三）知识小结

学生谈本节课的收获，自主归纳本节课的知识要点。

【板书设计】

第四节　流体压强与流速的关系

一、流体

二、流体在流速较大的地方压强较小，在流速较小的地方压强较大

三、升力

【案例分析】

第一个环节"情境引入"做得较好，利用新闻、典型生活实例将学生引入情境，体现了物理的特点：从生活中来又应用于生活。利用悬念，开课便吸引了学生的注意力，激发了学生的兴趣。

第二个环节（活动二至四）是学生动脑、动手、动口、观察、分析、创新综合能力的体现。不同的学生有不同的做法，不同的做法产生的现象可能不尽相同，在评估环节，学生不断质疑、交流、反思实验过程，尽情动手实践解决疑惑。这不仅让学生形成了严谨的科学态度，增加了科学知识的可信度，活跃了课堂气氛，还最大限度地为学生自主探究提供了平台，培养了学生的创新思维能力。物理课堂应该是有声有色的，学生应该是积极活跃的，教师要为学生创设出物理情境、组织好程序，只有这样才能让学生感觉到物理课堂的知识就在身边。课堂教学松弛有度，学生目睹物理现象，体会了探究过程，真正理解了物理规律，也就达到了教学目标。

第三个环节解释物理现象，先解释引入环节的问题，做到了前后呼应，做得较好。也可再加入一些典型实例，如"鼹鼠的自制空调"等。不过这一环节中习题设置过多，最多只宜设置三个，其余作为课外作业。

上该节课之前，我让学生自己利用身边的器材做一些实验，验证流体压强与流速的关系。课堂上学生自制的实验器材利用得非常好，实验现象也很明显，学生学习的兴趣也很浓，这是本节课的一个成功之处。其实，利用瓶瓶罐罐做实验，不仅实验器材容易找到，学生有亲近感，使他们做物理实验不难，而且让学生感到物理实验就在身边，可以在玩中学、学中玩，使学生兴趣浓厚。

对于升力的产生、"香蕉球"的解释个别学生还不是很明白，进行课下个别辅导。另外，时间稍紧，可对实验探究环节做有效控制，对现象解释压缩精减，但一定要让学生尽情发挥，不可扼杀其创造力。实在不行用两个课时完成。

《认识浮力》实验教学的创新设计与思考

昆明市西山区粤秀中学　胡掂

一、研究背景

《认识浮力》是力学的重点章节，也是学生学习的难点。前面学习了固、液、气的压力和压强知识，浮力与之有密切的联系，也就是说本节内容是前面所学知识的深化。本节知识为后面学习阿基米德原理和物体沉浮条件奠定了基础。

八年级的学生好奇心强，思维活跃，喜欢参与物理实验，对浮力知识有一定的感性认识，学习过压力、压强和受力平衡的知识，能对物体进行受力分析，因而为本节课奠定了知识和方法基础。但是学生在八年级时才开始学习物理，对物理知识间的联系认识不足，年龄小，抽象思维能力欠缺。教师需要设计形象的实验使学生能理解并加深对浮力的方向、大小和产生的原因的认识。

二、现行教材中关于《认识浮力》的教学设计

教材先通过生活中轮船和热气球这两个具体的实例让学生知道浮力的存在，再通过一个小实验具体地得出一种计算浮力的方法——称重法，最后结合前面力的平衡、压力、压强的知识通过对一个特殊的物体——立方体物块进行分析得出浮力产生的原因。

现行教材中的实验展示了浮力的存在、大小及产生原因，但是在实验过程中并没有一步步引发学生深入思考。

三、教学思路的改进

通过设计创新实验，使学生在实验过程中，通过观察、分析和独立思考得出浮力的存在、方向以及产生原因。

（一）浮力概念的建立

用一个简单的实验向学生展示浮力的存在，实验一步骤如下：①用弹簧测力计吊起一个重物，让学生读出弹簧测力计示数。②用手托起重物，因为有来自手掌的向上的力所以弹簧测力计示数变小了。③将重物浸入水中，此时发现弹簧测力计示数减小了，说明重物受到了液体向上的力，这个力就是浮力。

（二）浮力的方向

根据重力的学习学生知道重力的方向是竖直向下的，设计实验，通过与重力的对比得出浮力的方向。实验二步骤如下：①准备一个带箭头的偏心铅锤，将铁丝穿过铅锤，铅锤的箭头将指向竖直向上的方向。②取10cm长的细线，一端系住小皮球，一端系在铁丝上。③将上述装置放入水槽，我们会看到系皮球的线和铅锤的箭头是重合或者平行的。④将水槽的一端翘起使水槽倾斜，我们发现铅锤开始转动并且箭头永远保持竖直方向，同时可以看到皮球在动，直到细线和铅锤的箭头重合或平行。

这个实验验证了浮力的方向。这个实验的创新点在于，随着水槽的倾斜，皮球和铅锤的箭头都在动，这是一个动态过程，在这个动态过程中铅锤的箭头和系皮球的线始终保持在竖直方向，有力地证明了浮力的方向。

（三）浮力产生的原因

浮力产生的原因是本节课的重点和难点。学生可能会有一个错误的常识，那就是"只要是浸在液体中的物体就会受到浮力"，我们先用一个实验打破这种认知，形成认知冲突，引发学生进行深入思考。实验三步骤如下：①取一个大饮料瓶，剪掉瓶底，拧下瓶盖，将饮料瓶瓶口朝下放置。②取一个直径大于瓶口又能轻松放入瓶中的皮球，将皮球放入瓶中。③用烧杯从上方向瓶中倒水。实验现象是皮球并不会浮起。实验结束后让学生思考皮球为什么不会浮起，浮力产生的原因是什么。

学生设计一个自制教具分析浮力产生的原因。

自制教具主要是一个6个面都连接了压强计的物块。

实验四步骤如下：①将物块放入水槽，让学生观察6个压强计的U形管的液面变化，如图1所示。②先让学生通过U形管液面差来判断U形管对应的压强计贴在物块的哪个面上。由压强知识学生很容易判断出物块上表面和下表面的压强计，其他4个压强计只能确定是在侧面，但是判断不出具体是哪一面。这个实验同时帮助学生巩固了压强知识，即处于同一深度的物体所受液体压强相等，深度越大所受压强越大。③通过实验中压强计的变化，我带领学生进行受力分析，如图2所示，即浸在液体中的物体各个侧面所受压力大小相等、方向相反，互相抵消。上、下两面所受压力不同，得出浮力是由物体上、下表面压力差产生的。

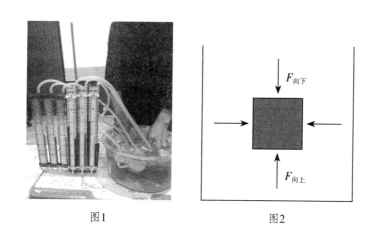

图1　　　　　　　　　　　图2

这个实验的创新点在于，实验过程中同时显示了物块6个面的压强，学生很容易想到是上、下表面的压力差产生了浮力。同时在研究浮力时回顾了所学的压强知识，既加深了学生的印象又训练了学生把物理知识联系起来的思维习惯。

最后，为了加深学生对知识的理解和促进学生灵活运用知识，我出了个趣味题，让学生想一想如何让实验三中不能浮起的小球浮起来。学生讨论后我会选几名上台试一试他们的方法是否有效。现场尝试后，我和学生讨论分析了上述各种方法有效或者无效的原因，促进学生养成勤于思考的习惯。我也会给出两种可以让球浮起来的方案：①将瓶子放入水中，如图3所示。②用手堵住瓶口，如图4所示。

图3   图4

四、改进教学后的再思考

首先，通过实验一让学生初步感性认识浮力的存在。然后，通过实验二让学生直观地看到浮力的方向，使之在学生脑海中形成深刻的印象；通过实验三皮球浮不起来的实验，引发学生思考，使学生对浮力产生的原因产生强烈的好奇心，好奇心驱使学生迫切地跟随老师进一步探究浮力存在的原因，也会使学生对所学知识印象深刻；通过实验四一个6个面都安放了压强计的物块在水中的受力情况，使学生直观地看到物体各个面的受力差异，从而对浮力产生的原因有一个初步的认识。然后我带领学生进行详细的受力分析，得出浮力产生的条件。最后，通过一个小的趣味题使学生现学现用浮力的知识，这样既加深了学生对浮力的理解也培养了学生活学活用的思维习惯。

核心素养导向下初中物理复习课教学实践研究

——以沪科版八年级物理第十章《浮力的计算复习》为例

安宁市昆钢实验学校　李俊秀

《义务教育物理课程标准（2022年版）》指出了初中物理课程的基本理念："面向全体学生，培养学生核心素养""从生活走向物理，从物理走向社会""以主题为线索，构建课程结构""注重科学探究，倡导教学方式多样化""发挥评价的育人功能，促进学生核心素养发展"。学科核心素养的提出意味着学科教育模式和学习方式的根本变革。具体如何在课堂实践中落实？下面以"浮力的计算复习"为例，进行讲述。

一、创设情境，激发兴趣

初中学生对直观现象比较感兴趣，喜欢动手，但欠缺对问题的深入思考及理性研究。在这样的背景下，激发学生的学习兴趣就显得尤为重要。

开课创设教学情境：丛林探险之浮力的计算大闯关（见图1）。我一共创设了4个关卡。闯关成功的学生将获得实物奖励，这样就大大激发了学生的学习兴趣。

图1

二、实验探究，突破难点

本节课的主题是浮力的计算复习。复习课要在学生已有知识的基础上进行教学，所以首先我们要搞清楚学生哪些懂了，哪些还没有懂。那么我们要怎样才能搞清楚学生哪些懂了，哪些没有懂呢？我的方法是，让学生上台展示，以学生交流展示为主，从而确定学生的认知水平。

我利用生活中常见的石块、苹果和鸡蛋设计实验，并让学生进行实验，然后根据实验数据，编写与浮力相关的计算题，并让学生尝试自主解决，让学生从生活走向物理，从物理走向社会。

（一）测量石块的密度

我利用希沃白板5制作平板机器人，展示测石块密度的实验器材（小石块、弹簧测力计、大烧杯、细线、水），提出问题：你能测出哪些物理量？（见图2）接着，我利用班级优化大师随机抽选名单的功能，抽选一名学生上台实验，如图3所示。

图2

图3

我同时抽选一名学生上台记录实验数据，并让全班学生根据实验数据自主编写一道与浮力有关的计算题。

在台上学生实验展示过程中，台下学生发现问题、提出问题、解决问题。学生提出解决方案，我及时点拨并解决课堂生成性问题。我利用班级优化大师倒计时功能进行倒计时，让学生小组合作交流讨论，最终学生总结得出测量石块密度的相关方法。

（二）测量苹果的密度

我向学生展示两个苹果："同学们，这是曾经砸到过牛顿脑袋的苹果。我把它放到水里会怎么样呢？"我用幽默的语言把学生的关注点吸引到我这里来。学生回答："漂浮。""那么谁能测出它的密度呢？"我追问。

全班学生小组讨论，设计操作，白板展示操作过程。学生认为可以利用弹簧测力计测苹果重力G，根据质量m等于重力G除以g计算得出苹果的质量。但是由于苹果漂浮，所以在如何测量苹果体积时，学生一度陷入困境。通过点拨，学生交流讨论总结得出测量苹果体积的具体方法：用排水法，需要把苹果按压浸没在水中，测排水体积；也有同学提出可以用估测法。最终，问题得以完美解决，操作过程如图4所示。

图4

（三）测量鸡蛋的密度

我向学生展示两个鸡蛋："同学们，这是达·芬奇曾经画过的鸡蛋。我把它放到水里会怎么样？"学生回答："下沉。"我把一个鸡蛋放到水里，鸡蛋沉底。我把另一个鸡蛋放到盐水里，鸡蛋悬浮。我顺势抛出问题："那么我们如何测出鸡蛋的密度呢？"

我抽选学生上台展示测量鸡蛋密度的实验。学生在实际操作中发现：鸡蛋直接放到清水中会下沉。用弹簧测力计吊着把鸡蛋浸没在水中时，弹簧测力计的示数却为零。学生发现问题，我赶紧追问"为什么"。经过讨论，学生发现鸡蛋用网兜套着，会对浮沉条件产生影响，同时由于弹簧测力计的分度值太大、灵敏度不高，从而出现了理论和实际操作之间的差异，物理学上管这种差异叫作误差。

我提示：可以利用课堂上现有的其他器材，尝试测量鸡蛋的密度。

有学生提出解决方案：因为鸡蛋悬浮，所以鸡蛋的密度应该等于盐水的密度。因此我们可以通过测量盐水密度从而确定鸡蛋的密度。可以利用前面测量石块的实验器材，把石块用弹簧测力计吊着浸没在盐水中测出盐水密度。用转换法，把测鸡蛋密度转换成测盐水密度，如图5所示。

悬浮 沉底

图5

本环节，通过物体三种浮沉状的三个实验，让学生动手动脑，我利用班级优化大师，及时加分鼓励学生。让学生在不知不觉中掌握了知识，学会了技能。我还通过课堂小游戏和任务驱动让学生归纳出利用浮力测量密度的方法。我引导学生有效观察，让学生在实验探究过程中科学分析数据，逐步培养学生的科学思维。我通过让学生观察、实验、思考，自主发现问题、解决问题从而调动学生自主实验、启发学生思考，并使学生尝试设计板书，进行板书讲解，让学生获得成就感。我引导学生根据实验数据设计题目，并利用手机授课助手及时展示学生作品，凸显了学生是学习的主人。

三、目标检测，学以致用

我设计与物体三种浮沉状态相关的题目，对前面测量石块、苹果、鸡蛋密度实验的相关计算进行小测验。我利用班级优化大师计时，让学生课堂检测。我还利用手机授课助手把学生的导学案上传到大屏上，抽选学生上台讲解解题过程和注意事项。其他学生点评纠错，我及时点评加分。最后根据班级优化大师统计，我把本节课上课的实验器材——鸡蛋、苹果、受过知识洗礼的石块作为奖品颁发给班级优化大师排行榜前三名的学生。

四、交流合作，展示自我

我为了让学生获得成功的体验，同时学会分析总结形成自己的知识网络，通过让学生上台展示——模拟小老师，台下思考总结发现问题——及时解决问题，同时用班级优化大师给学生加分鼓励。学生开展小组合作、交流展示的活动，让学生有机会展示自己，把课堂真正还给了学生，提高了学生的学习效率，逐步培养学生的核心素养。

五、结束语

本节课将交互式教学与传统的物理复习课较好地融合在了一起，将原本枯燥的知识传授和计算复习变成动手实验，让学生在实验中发现问题、解决问题，在轻松愉快的氛围中掌握知识、学会技能。本节课将物理课程和信息技术进行整合，坚持以"教师为主导，学生为主体，实验为主线，创造为目的"的原则，发展学生的能力。我利用班级优化大师表扬学生，及时反馈，从而收到了比较理想的教学效果。

《"伏安法"测电阻》教学案例

安宁市昆钢实验学校　李彦琼

【教学目标】

1. 知道什么是"伏安法"，并会用"伏安法"测电阻。

2. 理解滑动变阻器在电路中的作用。

3. 会分析实验数据，发现规律，加深对电阻概念的认识，了解灯丝电阻的特性。

【教学重难点】

教学重点：会用"伏安法"测量小灯泡的电阻。

教学难点：设计实验电路，引导学生分析实验数据，发现规律，加深学生对电阻概念的认识。

【教学器材】

电源、开关、导线若干、滑动变阻器、电流表、电压表、待测电阻（定值电阻和小灯泡）等。

【教学方法】

学生分组实验、小组合作讨论、交流法、归纳法。

【教学过程】

（一）导入新课

知识回顾：全班学生分为两大组（一、二组和三、四组分别为一个组），每个大组派两名同学参加游戏，利用希沃白板5的小游戏分组竞争。

（二）新课教学

1. 介绍"伏安法"

提问：就目前所学的电学知识，我们学了哪些物理量？哪些可以直接测量？哪些不能？大部分学生会有疑问，认为应该用电阻表测电阻；也有提前预习过的学生认为可以用间接的测量方法，也就是用电压表测出待测电阻两端的电压，用电流表测出通过待测电阻的电流，根据电阻公式$R=U/I$计算出电阻。

教师紧接着引导学生归纳出"伏安法"的定义。

（板书：伏安法）

2. 创设情境，实验探究

（1）课件展示实验目的：学习用"伏安法"测量定值电阻和小灯泡的电阻值，让学生明确实验目的。

（2）引导学生总结实验原理：$R=U/I$。

（3）课件展示一些实验器材，利用希沃白板5的"克隆"功能，让学生从提供的器材中选择所需器材。经过两三个学生补充选择，最终选择了实验所需的器材。

（4）设计实验电路：一名学生在白板上利用"仿真实验"选择器材，设计电路，另外两名学生利用教师演示用的实验器材设计连接电路，其他学生在导学案上画图设计电路（见图1）。在此过程中教师利用手机把学生设计过程中的典型问题拍照，利用希沃授课助手上传至白板，学生一起分析问题、解决问题。

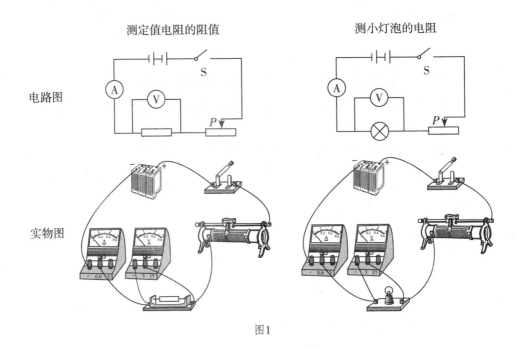

图1

（5）教师引导学生一起设计记录实验数据的表格（见表1、表2）。

表1

实验次数	电压U/V	电流I/A	电阻R/Ω	平均值$\overline{R}$/Ω
1				
2				
3				

表2

实验次数	电压U/V	电流I/A	发光情况	电阻R/Ω
1				
2				
3				

（6）小组讨论实验步骤和实验中应该注意的事项。①断开开关，按电路图连接电路，选择合适的量程并将滑动变阻器的滑片调到阻值最大处。②闭合开关，调节滑动变阻器的滑片，改变待测电阻两端的电压、电流进行多次实验，

同时将电压表、电流表示数记录在表格中。③根据记录的数据计算待测电阻的阻值。

（7）学生分组实验测量电阻。学生明确实验任务后，5～6人分为一个小组，利用桌上的器材测量电阻。教师利用希沃白板5中的计时器，规定学生在5分钟内完成实验测量。在此过程中教师巡视、指导学生实验中的问题，让学生亲自实验测量，提高学生的动手能力，加深学生对实验方法的应用。

（8）分析实验数据，归纳总结结论。两名学生代表利用投影仪投影展示他们组的实验数据（见表3、表4）。

表3

实验次数	电压U/V	电流I/A	电阻R/Ω	平均值 $\overline{R}$/Ω
1	1	0.1	10	
2	1.5	0.14	10.7	10.06
3	2	0.21	9.5	

表4

实验次数	电压U/V	电流I/A	发光情况	电阻R/Ω
1	1	0.16	较暗	6.25
2	2.5	0.3	正常发光	8.3
3	3	0.32	较亮	9.4

学生分组讨论自己的实验数据，对比投影出来的实验数据，在教师的适当引导下，分析归纳结论。

分析表3可得：导体电阻是导体本身的一种性质，其电阻大小与电压、电流无关。因此，多次测量取平均值可减小误差。

分析表4可发现：在不同的电压下，小灯泡的电阻不同，电压越大，电阻越大。其实影响灯丝电阻大小的根本因素是灯丝发光时的温度，灯丝的电阻随温度的升高而增大。因此，不能多次测量取平均值。

教师引导学生分析测量定值电阻和小灯泡电阻的过程中滑动变阻器的作用是否相同，多次实验的目的是否相同。

（9）误差分析。教师引导学生分析实验测量中的误差问题，并强调实验中要想办法尽量减小误差。

（10）小组讨论实验中应注意的事项：①开关应该处于断开状态。②电流表要串联，让电流从正接线柱流入，从负接线柱流出，且要选择合适的量程；电压表要并联，让电流从正接线柱流入，从负接线柱流出，且要选择合适的量程。③滑动变阻器要与待测电阻串联，且"一上一下"连接，闭合开关前，将滑动变阻器的滑片调至阻值最大处。④电路连接好，检查无误后，还应闭合开关试触。（再次回顾电学实验中应注意的一些问题，培养学生电学实验的良好习惯）

（三）巩固练习，强化理解

图2甲是"测定小灯泡的电阻"实验电路图。

（1）请用笔画线代替导线，按照图2甲所示的电路图，将图2乙的实物电路连接好。（要求：滑动变阻器滑片向左移动时小灯泡变亮，电流表的量程选择要恰当）

（2）甲组学生连接好最后一根导线，灯泡立即发出明亮耀眼的光并很快熄灭。检查后，发现连线正确，请找出实验中两个操作不当之处。①＿＿＿＿＿＿＿＿＿＿＿＿；②＿＿＿＿＿＿＿＿＿＿。

（3）乙组学生连接完电路后，闭合开关，无论怎样移动滑片灯泡都不发光，电流表示数为零，电压表的示数为电源电压，这可能是由＿＿＿＿＿＿＿＿造成的。

（4）表5是按正确的操作测得的数据，第三次实验时电流表示数如图2丙所示，填在表格中，并求出电阻。从表中计算出三次小灯泡的阻值不相等，其原因是＿＿＿＿＿＿＿＿＿＿。

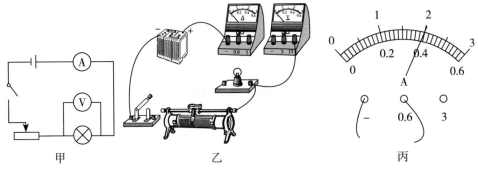

图2

表5

实验次数	1	2	3
电压U/V	2.0	3.0	3.8
电流I/A	0.33	0.34	
电阻R/Ω	6.0	8.8	

（5）实验中滑动变阻器的主要作用是_____，进行多次实验_____（填"能"或"不能"）取平均值。

学生先独立完成，然后小组讨论。教师再根据学生的问题，有针对性地讲解。

（四）课堂小结

学生回顾"伏安法"测电阻的实验中学到了什么，想到什么说什么，多名学生补充回顾。最后教师利用"微课"总结完整的思路，让学生通过观看"微课"再次回顾本节课的内容。

（五）作业布置

布置相关资料书上的练习，让学生巩固所学内容。

【教学反思】

本节课我先利用希沃白板5（小游戏）导入新课。新课教学中我从实验目的、实验原理、实验电路、实验步骤、学生分组实验、小组合作分析实验数据并归纳实验结论、总结实验注意事项等方面进行教学，最后利用"微课"对本节课进行小结。

（一）成功之处

利用小游戏导入，既复习了所学知识，又提高了学生的学习兴趣。本节课注重培养学生的逻辑推理能力，条理清楚便于学生理解，也充分培养了学生的逻辑能力。本节课利用学生分组实验，以学生为主，培养学生动手能力和学习物理的兴趣。

（二）不足之处

课堂教学时间安排不合理。电路连接所用时间过长，数据分析、误差分析及归纳结论的时间少，多次实验目的强调不够。整节课教师主讲过多，引导不到位，对学生了解不够，高估了学生的能力。

（三）努力的方向

我将认真研究教学重难点，充分了解学生，根据学生已有知识掌握情况及能力程度，设计更合理的教学环节；进一步突出重点、突破难点，合理安排教学时间；注意学生的差异，做到因材施教，全面提高课堂效率。

流体压强与流速的关系

安宁市石江学校 李艳萍

【教材分析】

本节课选自沪科版八年级物理第八章第四节《流体压强与流速的关系》，是前面所学的液体压强、气体压强的延伸。流体压强与流速的关系比较抽象，学生通过实验探究去观察、分析，进一步总结出结论，从而获得较多的感性认知，培养抽象思维能力，综合运用知识分析、解决问题的能力。

【学情分析】

学生已掌握了一定的学习物理的方法，观察、实验、思维、归纳、分析、推理等能力也得到了一定的发展。但流体压强与流速的关系这一知识点较为抽象，大多数学生欠缺对问题深入及理性的思维。所以本节课主要是从现象入手，使学生在精心设计探究活动之后，较容易得出结论，并用此知识解释相关现象。

【教学目标】

1. 了解流体压强与流速的关系，并利用这一关系解释生活实际现象。
2. 了解飞机的升力是怎样产生的。

【教学重难点】

教学重点：

（1）通过实验探究，了解流体压强与流速的关系。

（2）利用流体压强与流速的关系，解释生活中的现象。

教学难点：升力的实质。由机翼的形状，得出上下表面的空气流速不同，从而发现压强差，得出升力的实质，这一过程对学生的分析能力要求较高。

【实验器材准备】

两张纸、两个乒乓球、漏斗、两个气球、吸管、水槽、水杯、流体压强与流速关系演示器、机翼模型设计图、剪刀、细线、胶带。

【教学过程】

（一）引入

师：吹"房子"会使纸片直接贴在桌面上，是谁让纸张贴在桌面上的？

教师引导学生思考：向"房子"内部吹气使得内部空气流动，气压变小，而上方的气压没有变化，使得"房子"内外形成一个压强差，将纸张压在桌面上。

引出课题：流体压强与流速的关系。给出流体的定义，流体即气体和液体。

（二）探究气体压强与流速的关系

小组合作探究：学生自主实验进行探究，教师巡视并做指导。

实验1：两张纸自然下垂时中间和两侧的空气压强相等，但是当我们向两纸中间吹气时，中间空气流速变快，压强变小，而两侧的空气压强几乎没变，从而形成内外两侧的压强差，空气压强作用在纸上形成压力差，导致两纸向中间靠拢。（见图1）

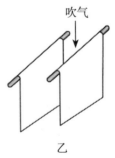

甲　　　　　　　　　乙

图1

实验2：将乒乓球放在漏斗下时乒乓球受到重力和手给乒乓球的支持力，在支持力的作用下乒乓球不会掉下来。当向漏斗吹气并且放手时，乒乓球被吸在漏斗上，但此时已经没有了手的支持力，分析原因：乒乓球与漏斗接触的区域空气在快速流动，而乒乓球正下方空气流动慢，从而在乒乓球的上下两侧形成压强差，作用在乒乓球上就是压力差，这个压力差将乒乓球压在漏斗上。（见图2）

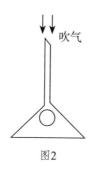

图2

学生得出结论：气体在流速大的地方压强变小。

（三）探究液体压强与流速的关系

教师引导学生由气体压强转向液体压强的研究。

小组合作探究，教师巡视并做指导。

学生发现乒乓球向中间水流动的地方靠拢，和气体流速与压强的关系一致。

教师演示实验（为防止后排学生看不清晰，教师课前拍好实验视频，在播放视频的过程中进行分析）。

学生发现：当水流动时，U形管中的红墨水从B端口流出，A端口有水流入。

教师点拨：没有水流动时，U形管AB是一个连通器，当水流动时，U形管中的红墨水从B端口流出，A端口有水流入。教师引导学生观察管道粗细，发现B端口管道细，水的流速快，A端口管道粗，水的流速慢，导致B端口水的压强小，A端口水的压强大，就在AB端口形成压强差，出现U形管中红墨水从A流向B的现象，从而归纳总结出液体压强在流速大的地方压强小。

总结得出结论：流体在流速大的地方压强小。

（四）飞机的升力

教师展示飞机飞行与鸟儿翱翔的图片（见图3），让学生思考飞机之所以能飞上天依靠的是它的什么结构。学生可以轻松答出机翼。教师出示机翼图片，让学生观察机翼形状。（上凸下平）

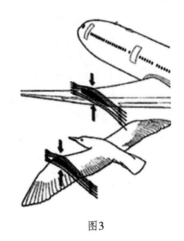

图3

　　学生自制飞机机翼（见图4），图纸教师在课前已经画好，学生只需要裁剪并用胶带粘贴即可。学生做好机翼模型，教师让学生来比赛谁的机翼飞得好，激发学生的胜负欲，也可以让学生直观地看到机翼飞起来，通过机翼截面图（见图5）进行分析。

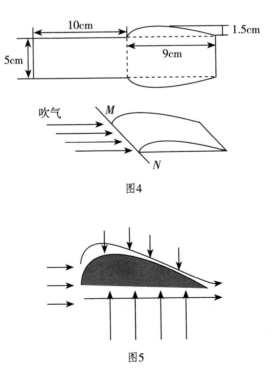

图4

图5

点拨：飞机前进时，机翼与周围的空气发生相对运动，相当于气流迎面流过机翼。气流被机翼分成上、下两个部分，由于机翼横截面的形状上、下不对称，在相同的时间内，机翼上方气流通过的路程较长，因而速度较大，对机翼上表面的压强较小。机翼下方气流通过的路程较短，因而速度较小，对机翼下表面的压强较大。这样，机翼上、下表面就存在压强差，因而有压力差，这就是飞机产生升力的原因。

（五）学以致用

1. 在火车站和地铁站台上都画有一条安全线，当火车快速开过时，人越过这条线就会有危险。这是因为，火车开动时，靠近火车的地方空气流速_____，压强_____，离站台远的地方空气流速_____，压强_____，强大的气压差会_____。

2. 你是否有过这样的经历：撑一把雨伞行走在雨中，如图6所示，一阵大风吹来，伞面可能被"吸"，从而严重变形。下列有关这一现象及其解释正确的是（　　　）。

A. 伞面被向下"吸"，伞上方的空气流速大于下方

B. 伞面被向上"吸"，伞上方的空气流速大于下方

C. 伞面被向下"吸"，伞上方的空气流速小于下方

D. 伞面被向上"吸"，伞上方的空气流速小于下方

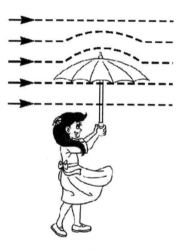

图6

3. 草原犬鼠的空调系统如图7所示。①洞口空气流动速度_____，压强_____；②洞口的空气流速_____，压强_____。所以洞内的空气流动方向是从_____到_____。

图7

4.有些跑车在车尾安装了一种"气流偏导器",如图8所示。由于"气流偏导器"上表面平直,下表面呈弧形凸起,当跑车高速行驶时,流过它上方的空气速度比下方空气速度_____(填"大"或"小"),此时,上方空气压强比下方空气压强_____(填"大"或"小"),这样,"气流偏导器"受到一个向_____(填"上"或"下")的压力差,从而使车轮抓紧地面。

图8

5.唐代著名诗人杜甫的《茅屋为秋风所破歌》写道:"八月秋高风怒号,卷我屋上三重茅。"这说的是大风掀走了茅屋的屋顶,你能解释为什么风大时能把屋顶掀走吗?

（六）作业设计

1.制作课本164页的"迷你实验室"中的简易喷雾器。

2.足球运动员如何踢出"香蕉球"?请同学们查阅相关资料,找到答案。

【板书设计】

流体压强与流速的关系

一、流体
气体和液体
二、流体压强与流速的关系
流速大的地方压强小
三、飞机升力

"题组教学法"在物理综合计算复习中的尝试

昆明市东川区第二中学　刘超

在物理中考复习中，综合计算一直是复习的重点，也是难点。其内容涉及面广，知识点多，学生理解和掌握困难，复习耗时且效果欠佳。一直以来，探寻一种好的综合计算题复习方法是各位一线教师争相探讨的话题。

"题组教学法"是一种面向全体学生，体现"尊重主体"教育思想的科学高效的教学方法，也能真正体现"学生为主体，教师为主导，训练为主线"的教学理念，能真正做到把课堂精力和时间用于引导、激励、促进学生主动学习。

"题组教学法"的具体实施过程就是，针对某一知识点或某一章节的教学目标，精心设计几组题目，将有关基础知识、基本技能、基本方法与物理思想融入其中。换言之，就是以一系列从易到难、从简单到复杂的分层题目为框架编拟教案，具体教学时，以题组中的题目开路，然后引导学生对题目进行思考、分析、讨论、探究和解答，由浅入深，层层推进教学过程，把学生的思维引向纵深。受"题组教学法"的启示，在物理总复习中，我采用了"题组复习法"进行八年级综合计算题的复习，做法如下：

根据八年级物理知识特点、教学目标及学生由浅入深的认知规律，我以公式计算为线索，进行了从易到难、从简单到复杂的题组设计与编制，然后通过题组教学，引导学生自主思考，进行一题多解，一题多变，把问题引入纵深。具体实施过程如下：

如图1所示，一个正方体木块的边长为50cm，密度为$0.6 \times 10^3 kg/m^3$，请根据所给条件并适当添加条件，计算出八年级物理教材中所涉及的所有物理量。

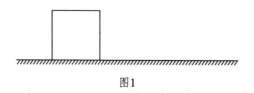

图1

通过多媒体展示题目引导学生思考、分小组交流讨论。5分钟后请小组代表发言，谈谈本小组在原有条件的基础上所求出的物理量及添加条件后所能求出的物理量。大多数小组的学生思考讨论后很容易想到可以求出正方体的底面积、体积、质量、重力、压力、压强等，但对于添加条件继续深入学生的思维存在空白。

针对学生思维空白区，教师引导学生添加条件，编制下一题组：

如图2所示，若将该木块完全浸没在水中，木块受到的浮力是多少牛？放手后，该木块将上浮还是下沉？当木块静止时，受到的浮力又是多少牛？

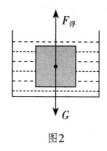

图2

针对所设置的问题请学生思考、分小组讨论并进行计算，请小组代表上台计算。教师简评并归纳浮力的求解与分析方法。

完成上题之后，教师接着引导学生一题多变，开拓创新，继续添加条件编制题目：

如图3所示，若用100N的力拉着木块在水平方向20s内匀速运动了10m，则可求出那些物理量？

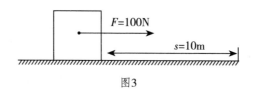

图3

针对所设置的问题请学生思考、分小组讨论并进行计算，请小组代表上台计算。学生经过交流讨论后，很快想到可以计算出速度、功、功率。

教师针对问题与错误进行引导与纠正，如可引导学生分析木块在水平面上移动的过程中重力做功情况。

教师再次引导学生添加条件，引出杠杆知识：

若用如图4所示的一根杠杆来提升该木块，不计杠杆自重及摩擦力，已知OA长为0.5m，AB长为1m，则匀速提起木块所用的拉力应该为多少牛？

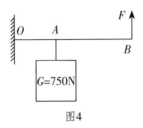

图4

针对所设置的问题请学生思考、分小组讨论并进行计算，请小组代表上台计算。教师与学生一起归纳分析解决杠杆问题的方法。

教师引导学生继续添加条件，融入滑轮知识：

若用如图5所示的一个动滑轮来提升该木块，不计动滑轮重、绳重及绳与滑轮间的摩擦力，则匀速提起木块所用的拉力应该为多少牛？

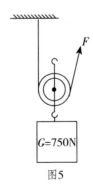

图5

若动滑轮重为150N，则匀速提起该木块所用的拉力又是多少牛？

若用如图6所示的滑轮组来提升该木块，不计动滑轮重、绳重及绳与滑轮间的摩擦力，则匀速提起木块所用的拉力应该为多少牛？若动滑轮重为150N，则匀速提起木块所用的拉力又是多少牛？若4s内匀速将木块提高了2m，则滑轮组做的有用功是多少？总功是多少？额外功是多少？滑轮组的机械效率为多少？重物上升速度是多少？拉绳子的速度又是多少？拉力做功的功率是多少？

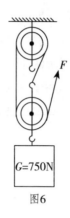

图6

针对所设置的问题请学生思考、分小组讨论并进行计算，请小组代表上台计算。教师针对学生暴露的问题进行易错点分析，并引导学生一起归纳竖直方向滑轮组相关问题的分析方法与解题方法。

教师添加条件进行一题多变，引向深入的题组编制：

若用如图7所示的滑轮组在水平方向拉动木块，已知拉力为80N，木块与地面间的摩擦阻力为200N，在5s内使木块沿水平面移动了3m，滑轮组的机械效率是多少？拉力做功的功率是多少？

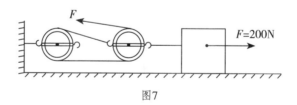

图7

针对所设置的问题请学生思考、分小组讨论并进行计算，请小组代表上台计算。教师针对学生出现的错误，引导学生一起分析水平方向使用滑轮组拉物体时，不是克服物体重力做功，而是克服物体与地面间的摩擦力做功，纠正错误后，与学生一起归纳水平上滑轮组相关问题的分析方法与解题方法。

在以上采用"题组法教学"的整个过程中，学生学习积极性较高，突出了自主学习的"以优扶差"作用，在分小组交流讨论学习中，"一帮一"效果显著。教师在整个过程中负责引领点拨，引导学生层层推进，帮助学生答疑纠错。整个教学过程切实体现了"教师为主导，学生为主体，以训练为主线"的教学原则，极大地提高了课堂教学效益。在短短一堂课的有限时间里达到了以下效果：

（1）引发学生再现基础知识，并形成了以八年级物理计算公式为主线编织的知识网络，快速、高效地牢记并掌握了相关公式及应用，提高了复习效率。

（2）使学生进一步巩固了由题组中所归纳总结出来的知识、方法、思想，深化了学生对基础知识的理解，并使学生熟练了基本技能。

（3）使学生在进一步加深了对所复习基础知识、方法、思想的基础上，能力方面有所提高，训练、培养了学生灵活运用和综合运用知识解决问题的能力。

（4）巩固了课堂学习效果，及时反馈了教学信息。因为"题组教学法"让学生亲身经历了解题过程，并且当堂展示解题过程和结果。教师由此也能立即获得学生方面的信息，从而及时纠正，快速强化知识；学生能及时知道正误，问题得到及时反馈。

总之，采用"题组教学法"，可激发学生的学习兴趣与求知欲望，体现学生的主体地位，使学生积极主动地探索研究，动口、动手、动脑的机会大大增加。整个过程学生对学习某一知识与方法的重要性与必要性清楚明了，在解答题目的过程中巩固所学的知识，发现规律性的东西，智力与能力得到训练与提高，教学的针对性明显增强，教学效率显著提高。

《做功了吗》说课

安宁市石江学校　莫银萍

一、说教材

（一）教材的地位和作用

本节内容是沪科版八年级物理第十章第三节《做功了吗》。

对功这一节内容的研究是在前两节所学简单机械的基础上综合应用力与运动的关系等知识来展开的。这一节是本章的重点和关键，为以后学习功率、能量知识奠定基础。学习功的知识对人们的日常生活、生产技术和科学研究有着较大的现实意义。

（二）教学目标

1. 知识与技能

知道机械功的概念，能用生活生产中的实例解释机械功的含义；认识做功的两个必要条件；理解功的计算公式。

2. 过程与方法

通过列举、解释生产生活中的实例知道机械功；通过物理现象，归纳简单的规律，认识做功的必要条件。

3. 情感态度与价值观

培养探索自然现象和日常生活中的物理学原理的兴趣；树立将科学技术应用于日常生活、社会实践的意识；结合教材，联系生活实际，培养学习的兴趣和热爱生活的情感；通过焦耳的小故事，培养对科学家的崇敬之情，及学习他们勤奋好学、遇到困难决不退缩的意志。

（三）教学重难点

教学重点：理解做功的两个必要因素，会用功的公式来计算功。

教学难点：认识功的概念，理解做功的两个必要因素。

二、说学情

功的概念比较抽象，但学生已有一定的力学基础知识，且在本章一、二节介绍了简单机械，学生已经认识到人们为了延伸手及人体的功能，在生产劳动中使用了许多简单机械。针对"省力的机械不省距离，省距离的机械不省力"这一事实，引导学生利用简单机械探究力与力的方向上的移动距离的关系，再从评价机械功效这一有意义的物理量（力和力的方向上的移动距离的乘积）出发，充分利用学生已有认知很自然地为学生构建功的概念。本课重视学生的生活经验，重视学生应用实例去体验、分析的过程，体现"从生活走向物理，从物理走向社会"的理念。

三、说教法学法

根据本节课的特点，尽量使用学生身边常见的物品进行探究活动和实例分析，拉近教学内容与生活的距离，让学生深切地感受到物理的真实性，感受到物理和社会、日常生活的关系。因此，这节课可综合应用学生体验、讲授和分组讨论并辅以电教多媒体实例演示等多种形式的教学方法，提高课堂效率，培养学生对物理的兴趣，激发学生的求知欲，充分体现以教师为主导，学生为主体的原则。

任务一：一个男孩和一个女孩分别将重200N的水桶竖直提升0.5m（见图1、表1）。

图1

表1

方案	动力F/N、方向	动力作用点移动的距离s/m	动力是否有成效
1. 女孩提	小于200N，竖直向上	0	没有
2. 男孩提	200N，竖直向上	0.5	有

设计意图：重视物理模型构建的关键过程，让学生体会物理研究问题的方法和思想，让学生知道为什么要定义机械功，及机械功与生活中的其他功有区别，为学生理解"力的方向上的移动距离"这句话埋下伏笔。学生也在交流讨论中初步建立了功的概念。

任务二：怎样才算做功？

如图2所示，用力拉小车在桌面上前进，则小车此时受几个力的作用？哪个力对小车向前运动有"贡献"？

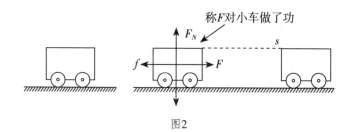

称F对小车做了功

图2

设计意图：运用物理概念分析判断，培养学生的观察能力和分析问题的能力。

例1：如图3所示，汽车的牵引力使汽车移动了一段距离。

图3

（1）是_____力使汽车移动了一段距离，是_____力使货物上升了一段距离；

（2）移动的距离是否在力的方向上？_____（"是"或"否"）。

（3）根据你对功的概念的理解，你觉得力对车子或货物是否做了功？_____（"是"或"否"）。

例2：推力对物体是否做功（见图4）？为什么？分析：有_____的作用，没有_____。

例3：如图5所示，用脚踢出足球，球在地面上滚动，滚动过程中，人对球做功了吗？分析：有_____的作用，没有_____的作用。

图4　　　　　　　　　　　图5

小结：

由此可见，做功必须具备两个必要因素：一是有_____作用在物体上，二是物体在_____上通过的_____。

设计意图：由简单的标有力和距离的实例，逐渐上升到没有标示的实例，层层递进地追问学生，让学生感受到做功的两个必要条件、力和物体移动距离的关系、哪个力对物体做功、怎样来表述一个物体对另一个物体做功，帮助学生在他们自己解决问题的同时提高物理素养，并获得成就感，进而对学习物理知识产生兴趣。

任务三：请利用桌面上的器材或你身边的物体，用尽可能多的方法对它们做功（如物理课本、矿泉水、文具盒）。

设计意图：通过学生的活动，及时反馈。能利用做功的两个必要条件解释生活中的实例，加深学生对做功的必要条件的理解。

练一练：接下来利用抢答的方式完成下列三个小练习（见图6）。

分析下列实例中是否做功，并说明你的判断依据。（抢答）

（1）当你抱着一摞书不动时，你累吗？你对书做功了吗？

（2）人把冰壶推出去之后，冰壶在水平光滑冰面上继续滑行，人对冰壶做功了吗？

（3）提箱子在水平路上走，人对箱子做功了吗？为什么？

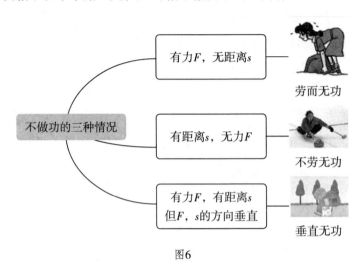

图6

设计意图：通过这几个例子引出三种不做功的情况，再次让学生认识怎样才算做功，哪个力对物体做功，判断的依据是什么，加深学生对"在力的方向上的距离"的理解，从而突破难点。

小游戏：举例，学生判断是否做功。

设计意图：用游戏让学生放松，增加学习的乐趣，并让学生在玩乐中巩固做功的必要条件，及时反馈，了解学生存在的问题，突出重点，突破难点。

介绍机械功的计算公式（图7），学生分享焦耳（图8）的小故事。

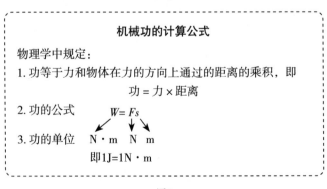

图7

焦耳简介	
中文名	詹姆斯·普雷斯科特·焦耳
国籍	英国
生卒年	1818—1889年
主要成就	焦耳定律的发现
	热功当量的测定
	焦耳–汤姆孙效应

图8

设计意图：通过焦耳的故事，激起学生的崇敬感，培养学生勤奋好学的品质。

学生自己阅读课本上的例子，并举例。

如：一本物理课本重3N，举高1m，对它做功3J；一瓶350mL的矿泉水瓶，重约3.5N，举高1m，对它做功约3.5J。

设计意图：既锻炼学生的估算能力，又让他们感受焦耳的大小。

课堂练习：用100N的水平推力沿水平面推重800N的木箱前进10m，推力对木箱做功多少？重力做功多少？

设计意图：培养学生利用所学知识分析、解决问题的能力。

小结环节：

畅所欲言

我学到了焦耳不畏艰难，刻苦学习的精神；我学到了计算功的方法；我学到了使用机械来提拉物体的方法；我学到了做功的必要条件。

四、说教学反思

本节的知识比较抽象，所以以生活中的实例引入教学。这节课的设计充分体现了"学生是学习的主人，从生活走向物理，从物理走向社会以及物理课堂应以着力培养学生观察和动手能力、知识归纳能力为目的"的新课程理念。从教学流程看，本节课注重知识的生成过程，生生互动、师生互动，学生的积极性始终被充分调动；学新知后即练，使学生有成功感，乐于继续学习。但是，由于本节课学生活动多，知识容量大，教师留给学生的时间略显不足。

利用电学实验和电流知识巧解电路故障

安宁市昆钢第一中学　欧艳红

电路故障分析是中考的常考点，又是难点。它的综合性较强，对学生综合分析问题的能力要求较高。从教材知识的前后联系来看，电路故障分析是电路、电表、电路动态分析、欧姆定律等知识的综合应用，也是物理思维更深层次发展与物理方法的进一步体现。为了突破这一难点，不同的教师采用不同的教学方法。经过多年的实践，我认为较有效的教学方法是结合物理实验，创设故障情境，让学生通过实验找出电路故障，始终以电流为主线，利用电流知识去分析电路故障，最后通过习题让学生能够举一反三，培养学生分析问题和解决问题的能力。具体教学方法如下。

一、通过演示实验，创设物理情境，激发学生学习兴趣

教师准备好两块电路板：其中一块电路板上，两只完好的小灯泡串联；另一块电路板将两个小灯泡连接成串联电路，其中一只小灯泡完好，另一只小灯泡已烧坏。闭合第一块电路板的开关，两灯发光；闭合第二块电路板上的开关，两灯都不发光。为什么第二块电路板上的两只灯不发光呢？学生的兴趣被激发，探究热情被点燃。

二、通过学生实验，变抽象为具体

教师提供刚才情境中的器材（两只小灯泡，其中一个小灯泡完好，另一个小灯泡已经被烧坏；电源、开关和导线若干），要求学生连接成串联电路，闭合开关后，两灯都不发光。接着教师提供导线、完好的小灯泡供学生选择，

请学生带着疑问，小组讨论、经历科学探究的过程，找出这两只灯泡不发光的原因。

在小组合作下，大部分学生能利用导线或小灯泡找出故障原因，体会到解决问题的乐趣。接着学生完成以下实验以及理论分析：

实验1：将两个完好的小灯泡串联，在其中一个小灯泡的底座设置短路故障。

实验2：将两个小灯泡连接成并联电路，其中一个小灯泡完好，另一个小灯泡已经被烧坏。

让学生闭合开关，观察实验现象。以上实验中，由于学生已经有了一定的电学知识基础，大多数小组能完成电路故障的判断，体会到成功的喜悦。教师可以进行引导：小灯泡的发光现象很明显，如果电路中的小灯泡换成电阻，不能直接观察又该怎么办？学生会想到利用电流表或电压表来检测。教师提供导线若干、电流表和电压表，让学生分组合作，尝试将电流表接入电路，电压表分别并联在各小灯泡两端，观察示数，进行记录并分析、总结，最后教师引导学生进行交流，进入理论分析。

三、通过理论分析，提高学生能力

（一）知识点小结

1. 电路故障的内容

整个电路或部分电路的用电器不能工作，电流表、电压表没有读数或读数异常。

2. 故障分析思路

（1）是什么（故障的性质）：短路还是开路。

（2）在哪里（故障的位置）：学会判断故障的区域。

（二）分析电压表串联的实质

教师引导学生应用欧姆定律和串联电路分压规律分析，将一个小灯泡与电压表串联，小灯泡不亮，电压表示数接近电源电压，是因为电压表内阻很大，小灯泡电阻很小，电路中总电阻很大，因此电路中的电流很小，小灯泡分到的电压也很小，远远小于小灯泡的额定电流和额定电压，因此小灯泡不发光。电流流过电压表，使电压表指针发生偏转，同时电压表几乎分去所有电压，所以电压表示数接近电源电压。学生可以通过实验加深印象。

如图1所示，将一个小灯泡和电压表串联，观察小灯泡的发光情况和电压表的示数。

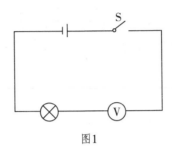

图1

学生实验发现：小灯泡不亮，电压表示数接近电源电压。

（三）总结灯泡发光的条件

有电流流过灯泡，并且电流要达到一定值。

（四）分析电流表和电压表偏转的实质

有电流流过电流表和电压表，电压表或电流表要有示数，则电压表或电流表外必须是通路，内部不能短路。

四、通过随堂练习，强化学生理解

如图2所示，当开关S闭合后，两只灯泡均发光，电压表有示数。过一段时间后，发现灯泡都熄灭了，电压表示数增大，接近电源电压。经检查，除小灯泡外其余器材的连接良好，造成这种情况的原因可能是（   ）。

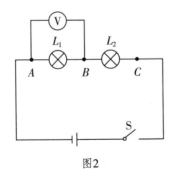

图2

A. 灯L_1断路   B. 灯L_2短路

C. 灯L_1短路   D. 灯L_1、L_2均断路

教师引导学生分析：灯泡都熄灭了，说明电路中无电流或电流很小，所以不可能是L_1或L_2短路。电压表有示数，说明有电流流过电压表，电流从正极出发，流到A点，经过电压表、L_2、开关S回到负极，故障发生后，电压表串联在电路中，电路中电流很小，几乎为0，而电压表示数接近电源电压，所以确定故障是灯L_1断路，选择A。

最后，通过不同类型题目的强化训练，学生能真正掌握分析电路故障的方法。

总之，本课通过实验让学生真正做到知行合一，明确电路故障是什么，有哪些类型，再以电流为主线，结合欧姆定律、电功率等知识进行理论分析，确定故障在哪里。有了这样的思想，学生才能做到举一反三，真正解决电路故障问题，学生的综合分析能力、物理核心素养才能真正提高。